DIE WAFFEN SS
von Herbert Walther

DIE WAFFEN-SS

EINE BILDDOKUMENTATION VON HERBERT WALTHER MIT BEITRÄGEN VON GENERALFELDMARSCHALL v. MANSTEIN, GENERALLEUTNANT a. D. HASSO v. MANTEUFFEL UND HEINZ HÖHNE

PODZUN-PALLAS

Kohlhäuserstraße 8, 61200 Wölfersheim-Berstadt,
Tel. 0 60 36 / 94 36, Fax 0 60 36 / 62 70
Technische Herstellung: Kölle-Druck GmbH, 32361 Preußisch Oldendorf
Verantwortlich für den Inhalt ist der Autor.
ISBN: 3-7907-0434-1

INHALT

EIN WORT ZUVOR

Das Buch stützt sich im wesentlichen auf Fotos, die eigentlich im Jahre 1945 in Rauch aufgegangen sein sollten . . .

Tatsache ist, daß das gesamte Negativ-Material der Fotos der Kriegsberichter der Waffen-SS gegen Schluß des Krieges auf „höchsten Befehl" restlos vernichtet wurde. Einem Zufall ist es wohl zu verdanken, daß die kleinen Kontaktkopien zu einem erheblichen Teil erhalten geblieben sind.

Die rund 100.000 kleinen Bildkontakte (24 x 36 mm) sind unbeschriftet und meist undatiert, so daß die Auswertung nur durch mühsame Sucharbeit, Rekonstruktion, Vergleiche, Orts- und Personenbestimmung und gute Sachkenntnis überhaupt möglich war. Zwangsläufig sind hier und da in der Orts- und Zeitbestimmung Irrtümer unvermeidlich, doch können diese wohl hingenommen werden, wenn es andererseits gelungen ist, durch die verwendeten, eindringlichen Kampfaufnahmen einen umfassenden Überblick über die Kämpfe der Waffen-SS zu vermitteln. Fotomeister Werner Held ist es zu danken, daß durch seine Reproduktionen eine optimale Wiedergabe der Bilder möglich wurde.

Der Verlag war sich bei der Herstellung dieses Buches durchaus bewußt, daß eine Darstellung der Kämpfe der Waffen-SS - selbst wenn bisher noch nicht ausgewertetes Bildmaterial verwendet werden konnte - immer lückenhaft bleiben muß: Von den Kämpfen an der Invasionsfront, in Italien und dem Endkampf im Reich ist nur wenig Bildmaterial vorhanden.

Natürlich hätte der Verlag leicht auf Bilder zurückgreifen können, die schon mehrfach, manche sogar häufig, veröffentlicht worden waren. Das wollten wir aber nicht, zumal wir bei den anderen Kapiteln des Buches über absolut einmalige und bislang unveröffentlichte Aufnahmen in großer Zahl verfügen. Wir haben deshalb lieber vermehrt diese neuen und unbekannten Fotos in den Band aufgenommen und auf Bilder verzichtet, die den Ablauf des Geschehens wohl abgerundet hätten, aber allzu bekannt sind.

Das Buch soll den Soldaten der Waffen-SS im Kampf zeigen, jene, die mit der Waffe in der Hand ganz vorn gestanden haben und im besten soldatischen Einsatz kämpften. Der Verlag distanziert sich nachdrücklich von denen, die innerhalb der Sonderverbände ihr trauriges Handwerk erledigten, dem Einsatz von Gestapo und SD und der „Obersten Führung" der SS. Die kämpfenden Soldaten der Waffen-SS jedoch, bis hin zu den Truppenführern, haben jeden Anspruch auf gerechte Beurteilung. Sie waren Soldaten wie ihre Waffenbrüder von der Wehrmacht, und ihre Opfer an Gefallenen, Verwundeten und Vermissten wiegen nicht weniger als die anderer Soldaten und die ihrer damaligen Gegner.

Der Verlag dankt Herrn Herbert Walther für seine geleistete Arbeit, Herrn Generalfeldmarschall von Manstein, Herrn Generalleutnant von Manteuffel und Herrn Höhne für ihre Mitarbeit. Zu danken haben wir aber auch dem Bundesarchiv Koblenz, besonders Herrn Archivrat Regel, Herrn Werner Held sowie der Weltkriegsbücherei Stuttgart, die uns den größten Teil der Bilder zur Verfügung stellte.

A WORD BEFORE

In the main this book is based on photographs which should actually have gone up in smoke 1945.

It is a fact that all the negatives of the photos taken by the war reporters of the Waffen-SS were completely destroyed on highest order shortly before the end of the war. Due to a lucky chance the small contact prints were saved to a large extend.

These almost 100.000 contact prints (24 x 36 mm) are without captions and mostly undated so that it was only possible to interpret them by painstaking research, reconstruction, comparisons, by identifying people and places. Naturally here and there errors are inevitable but these can be accepted if on the other hand it has been possible to give a comprehensive survey of the fighting Waffen-SS by using these impressive photographs. We are indepted to Fotomeister Werner Held for making these optimal photo reproductions possible.

When the Publishers produced this book, they were conscious of the fact that a portrayal of the fighting of the Waffen-SS will always be incomplete, although we were able to use hitherto unpublished pictures. Amidst of the falling bombs of the invasion, during the battles in Italy and during the final battles in the Reich photos were rarely taken. The available material from this time is poor.

Of course, we could easily have fallen back on pictures which had often indeed frequently been published before. We did not want to do this, especially as in the other chapters we had a great number of absolutely unique and so far unpublished photographs at our disposal. We have therefore used more of these unknown new pictures and at the same time we have dropped some photos which certainly would have rounded up the history of the war, but which are far too well-known.

This book is supposed to show the soldiers of the Waffen-SS fighting, those who stood and fought in the forward front line and who gave of their best in military actions. We emphatically dissociate ourselves from those who within the special units carried out their tragic business, from the „desk murderers" and from the Highest Command of the Waffen-SS. The men of the Waffen-SS, however, their officers and commanders, fully deserve a fair judgement. They were soldiers like their brothers in arms of the Army and their sacrifice of killed, wounded and soldiers missed do not count any less than those of the other soldiers and their former opponents.

We are grateful to Mr. Herbert Walther for his work. We thank Generalfeldmarschall von Manstein, General von Manteuffel and Mr. Heinz Höhne for their kind collaboration. We also thank the Bundesarchiv, Coblenz, especially Herrn Regel the Archivrat, Herrn Held and the Weltkriegsbücherei in Stuttgart, which supplied us with most of the pictures.

PODZUN-PALLAS-VERLAG

„Außerordentliche Tapferkeit . . ."

Die pauschale Verurteilung der SS kann die ehemaligen Soldaten des Heeres, die Schulter an Schulter mit der Waffen-SS gekämpft haben, nicht abhalten, ihrer in soldatischer Verbundenheit zu gedenken, zumal „Verbrechen gegen die Menschlichkeit" in jedem Einzelfall untersucht und vom International Military Tribunal in Nürnberg oder von deutschen Gerichten abgeurteilt worden sind. Die Beurteilung der Masse der Kampfverbände der Waffen-SS kann, was ihren Einsatz und ihre Wertung betrifft, nicht durch diese Verurteilung getrübt oder erschüttert werden.

Als Kommandeur der 7. Panzer-Division und später als Kommandeur der Panzergrenadier-Division „Großdeutschland" habe ich oft Seite an Seite mit den Kampfverbänden der Waffen-SS gefochten, und als Oberbefehlshaber der 5. Panzer-Armee und später als solcher der 3. Panzer-Armee haben mir zahlreiche Verbände der Waffen-SS unterstanden. In keinem Falle hatte ich „Schwierigkeiten" mit ihnen, die mich zum Einschreiten gezwungen hätten wie oft von anderer Seite angeführt wird.

Wegen ihrer guten Waffen-Ausstattung wurden diese Kampfverbände meist zu besonders schweren Kampfaufgaben und in Krisenlagen als sogenannte „Feuerwehr" eingesetzt. Ihre Heranziehung wurde von den Kommandeuren des Heeres begrüßt, da die Verbände voll motorisiert und daher äußerst beweglich waren. Die Einheiten der Waffen-SS zeichneten sich durch Manneszucht und hervorragende Haltung im Kampf aus. Sie haben sich in Angriffs- und Abwehraufgaben voll bewährt. Ihr „corps d'esprit" innerhalb der Divisionen hatte zur Folge, daß in diesen Einheiten eine außergewöhnliche Kameradschaft herrschte, und daß im Kampfeinsatz ein zuverlässiges Zusammenwirken aller Teile untereinander hergestellt werden konnte. Ihre Einsatzbereitschaft war hervorragend. Ihre außerordentliche Tapferkeit - superhuman bravery - wird auch von der Gegenseite voll bestätigt. Hierfür spricht ihr Einsatz am Wolchow, bei Rostow, bei Charkow, Kowel und Tscherkassy, in der Normandie 1944 und auf vielen anderen Schlachtfeldern.

Daß Himmler mit der Waffen-SS teilweise andere Ziele verfolgte, kann den Soldaten der Waffen-SS keinesfalls angelastet werden, und wenn es im Einzelfall gegen Ende des Krieges zu Unstimmigkeiten oder gar Schwierigkeiten zwischen den Kommandobehörden des Heeres und denen der Waffen-SS gekommen ist, liegt es nach meinen langjährigen Erfahrungen im praktischen Truppendienst an mangelndem Verständnis beider Teile, wie es in anderen Bereichen des Lebens auch oft feststellbar ist. Es erscheint mir ungerecht, dies nur der Waffen-SS zum Vorwurf zu machen!

Die mit ihr Schulter an Schulter kämpfenden Verbände des Heeres gedenken dankbarst der tapferen Soldaten der Waffen-SS und ihrer gefallenen und verwundeten Kameraden - auch sie haben für Deutschland gekämpft, haben hierfür gelitten und sind für Deutschland gefallen!

Generalleutnant a. D. Hasso von Manteuffel

„Superhuman Bravery . . ."

A collective condemnation of the SS cannot desboy the feeling of solidarity the former soldiers of the Army have with the Waffen-SS whom they fought with shoulder to shoulder, especially as „crimes against humanity" in every single case were gone into and tried by the International Military Tribunal in Nuremberg or by German courts. Our assessment of the majority of the combat units of the Waffen-SS as far as an evaluation of their engagement is concerned can be neither spoilt nor shaken by this condemnation.

As the commander of the 7th Panzer-Division and later as the commander of the Panzergrenadier-Division „Großdeutschland" I often fought side by side with the combat units of the Waffen-SS. Also as the commander-in-chief of the 5th Panzer-Division and later of the 3rd Panzer Army numerous units of the Waffen-SS were under my command. I never had any „difficulties" with them, as was very often said by others.

Because of their good equipment these combat units were usually used in especially heavy fighting and serious crises as the so-called „emergency reserve". The commanders of the Army liked to use them as their units were fully motorized and therefore extremely mobile. The units of the Waffen-SS distinguished themselves by their discipline and excellent morale in battle, they proved successful in attack and defensive undertakings. Their „corps d'esprit" within their divisions resulted in outstandingly good comradeship in these units; in action all elements co-operated producing a very high standard of reliability. Their readiness for action was excellent. Their superhuman bravery was fully acknowledged by the enemy, too. This courage was seen at the Wolchow River, in Rostow, in Charkow, in Kowel and Tscherkassy, in Normandy 1944 and on many other battle fields.

The fact that Himmler to a certain extent had other objectives with the Waffen-SS is not the soldiers' fault, and if in individual cases towards the end of the war friction or even difficulties arose between the commanders of the Army and those of the Waffen-SS, I believe, from my experience of many years in practical military service that this could only happen because of a lack of understanding of both parts - as can be the case in all spheres of life. I think it unjust to reproach only the Waffen-SS for it.

The fighting units of the Army which fought shoulder to shoulder with these brave soldiers of the Waffen-SS remember them and their fallen or wounded comrades gratefully - they were fighting for Germany, too, they suffered and they were killed for it, too.

Generalleutnant a. D. Hasso von Manteuffel

DIE JAHRE 1933 - 1938

THE YEARS 1933 - 1938

Das Jahr 1933 ist das Jahr der Entstehung der Leibstandarte „Adolf Hitler". Die Uniformen und Dienstgradbezeichnungen waren die gleichen wie die der allgemeinen SS.
Die Gefechtsausbildung erfolgte auf den Übungsplätzen des Heeres. Die 1. Kompanie der LAH unter Führung von Untersturmführer Fritz Witt in Jüterbog. (Februar 1934)
In the year 1933, the „Leibstandarte" Adolf Hitler was founded. Uniforms and rank designations are the same as those of the common SS.
Combat practice takes place in the Army training area. The 1. company of the LAH under the command of Untersturmbannführer Fritz Witt in Jüterbog (February 1934)

Der Stander der Leibstandarte Adolf Hitler (LAH) in der Kaserne Berlin-Lichterfelde - einer ehemaligen Kadetten-Anstalt.
The banner of the „Leibstandarte" Adolf Hitler (LAH) in the barracks of Berlin-Lichterfelde - a former military academy.

Vereidigung neuer Rekruten der LAH am 19. 4. 1936.
Swearing in of new recruits on 19 April 1936.

Die Ausbildung von Krad-Schützen im Gelände - noch immer in schwarzer Uniform
Training of motorcycle riflemen - still wearing the black uniforms.

Besichtigung der „Leibstandarte" durch Adolf Hitler. Neben ihm der Kommandeur Obergruppenführer Sepp Dietrich und Sturmbannführer Jürgen Wagner. (17. 12. 1934)
Inspection of the LAH by Adolf Hitler. Beside him is commander Obergruppenführer Sepp Dietrich and Sturmbannführer Jürgen Wagner. (17. 12. 1934)

Der Herzog von Windsor beim Abschreiten einer Ehrenformation des Regimentes „Germania“ auf der Ordensburg „Crössinsee“. (13. 10. 1937)
The Duke of Windsor taking the review of an honor formation of the regiment „Germania“ at the „Crössinsee“ castle. (13 October 1937)

Ehrenkompanie der LAH vor der Krolloper in Berlin. (20. 2. 1938)
Honor formation of the LAH in front of the Kroll opera in Berlin . (20 February 1938)

Bei offiziellen Anlässen wurde die LAH und die inzwischen neu aufgestellten Regimenter der Verfügungstruppe als Paradeformation eingesetzt. Fritz Witt an der Spitze einer Ehrenformation des Regimentes „Deutschland“

The LAH and the regiments of the support unit which has been newly formed were used as review formations for official occasions. Fritz Witt leading an honor formation of the regiment „Deutschland“.

Die Standarte des Regiments „Deutschland“.

The banner of the regiment „Deutschland“.

Die LAH zieht nach der Volksabstimmung im Saarland in Saarbrücken ein. (1. 3. 1935)
After the plebiscite in the Saarland, the LAH invades the city of Saarbrücken.

Geburtstagsparade vor Adolf Hitler in Berlin im Jahre 1937.
Birthday parade for Adolf Hitler in Berlin 1937.

Im Zuge des Münchener Abkommens zogen auch Teile der LAH in das Sudetenland ein.
After the treaty of Munich, elements of the LAH also invade the Sudetenland.

Der erste der „Blitz-Feldzüge“, der zugleich die Stärke und das Funktionieren der deutschen Kriegsmaschinerie einer erschreckten Welt vor Augen führte.
Mit diesem 18-Tage-Krieg erwuchs Hitlers Hybris von seiner Unbesiegbarkeit und seinem Feldherrentum.
Gegen die 36 Infanterie-Divisionen, 11 Kavallerie-Divisionen, 1 Gebirgs-Brigade und 2 Panzer-Brigaden, die Polen besaß, standen 7 Panzer-Divisionen (einschließlich der Armee-Heeresgruppen oder O.K.H.-Reserve) und 55 Infanterie-, Gebirgs- oder Leichte Divisionen. Sie zerschlugen das polnische Heer, unterstützt durch die Überlegenheit der Luftwaffe. Einheiten der SS-Verfügungstruppe kämpften an vielen Frontabschnitten innerhalb der Heeresgruppen Nord und Süd.
Der Polenfeldzug war kriegsgeschichtlich ein umstürzendes Ereignis. Innerhalb von 4 Wochen war im Kampf mit einem zahlenmäßig etwa gleich starken Gegner ein riesiges Cannae geschlagen, mit 700.000 Gefangenen bei nur 10.000 eigenen Gefallenen und 30.000 Verwundeten. Dieser Sieg war weitgehend das Werk der deutschen Panzertruppe, errungen zusammen mit der Luftwaffe, die die Luftherrschaft erkämpfte und damit die Bewegungen der Panzertruppe ermöglichte. Die schlachtentscheidende Rolle der Infanterie war nun auf die Panzertruppe übergegangen. Deutschland begann nicht den “Krieg von gestern“.

Beschießung des polnischen Postamtes in Danzig.
Firing at a Polish post office in Danzig.

Polnische Straßenbezeichnungen werden entfernt,
The removal of Polish street signs.

Staatssekretär Greiser besichtigt das zerstörte Danziger Postamt.
State Secretary Greiser inspects the post office in Danzig, which has been destroyed.

Die polnischen Regimenter leisteten nur stellenweise, dann aber oft erbitterten Widerstand.
Einheiten der SS-Verfügungstruppe im Kampf um eine polnische Ortschaft.

Heavy resistance is offered only locally by the Polish regiments.
Formations of the SS support units attempting to seize a Polish village.

Aus der monatelangen Unbeweglichkeit der Fronten traten am 10. 5. 1940 um 5,30 Uhr 122 Infanterie- und Gebirgs-Divisionen, 10 Panzer-Divisionen mit 2.500 Panzern, 1 Kavallerie-Division und erstmals auch 2 SS-Divisionen (mot.) zum Angriff an. Eine SS-Division stieß in Richtung Holland (Rotterdam), die andere SS-Division im Verband der 12. Armee und im Zuge des „Sichelschnitts" auf Dünkirchen vor. Die holländischen, belgischen, englischen und französischen Verbände wurden binnen weniger Wochen überrannt, eingekesselt oder vernichtet, so daß Hitler sich als „Führungsgenie" bestätigt sah. Die SS-Divisionen unter Hausser und Eicke bewährten sich als Kampfverbände in besonders hohem Maße.
Die deutschen Ansichten über die Kampfgrundsätze gepanzerter Großverbände, entstanden gegen eine Welt anders denkender Kriegskunst, waren richtig. Entgegen der warnenden Stimme eines de Gaulle, dessen Ideen denen Guderians glichen, hatten die Alliierten, wie zu Ausgang des 1. Weltkrieges, ihre Panzerverbände gleichmäßig entlang der ganzen Front aufgeteilt. Die deutsche Führung aber hatte nun insgesamt gelernt, daß Panzertruppen geschlossen eingesetzt werden müssen, mit weiten Zielen, losgelöst von den langsamen Truppen.

An der „ruhigen" Oberrhein-Front - zwei Tage vor Angriffsbeginn - winken Angehörige einer SS-Polizei-Einheit dem Gegner über den Fluß zu.
Diese Aufnahme war damals „streng geheim" und sollte erst nach dem Kriege veröffentlicht werden.

Two days before the beginning of hostilities the Upper Rhine front seems „quiet". Members of an SS-Police unit wave to their adversaries on the opposite side of the river. This photograph was classified „top secret" at this time. It was available for publication until after the end of the war.

Die Einsatzbereitschaft wurde durch Übungen ständig überprüft und verbessert.

The preparation for combat was checked and improved by continous training.

32/33 Vorbereitung zu einem Flußübergang mit Schlauchbooten. Noch rührt sich der Gegner nicht . . .
. . . doch plötzlich heftiges Abwehrfeuer der Franzosen, das die Männer in Deckung zwingt.

Preparations are made for the river crossing in rafts. Still, the enemy does not move . . .
. . . until suddenly, there is heavy firing from the French defenses, forcing the men to take cover.

Mit leichten Infanterie-Geschützen wird der Widerstand gebrochen. Infanterie durchkämmt die freigekämpfte Ortschaft.

The resistance was broken with only light infantry guns. Infantrymen searching the abandoned village.

sMG in Stellung. Feuernde 3,7 cm Pak. Flußübergang im feindlichen Feuer.
sMG in position. A 37 mm anti-tank gun. A river crossing under enemy fire.

Die im Rahmen der schnellen Panzervorstöße eingesetzten motorisierten Verbände der SS-Verfügungstruppe werden durch gewaltige Marschleistungen und ständigem Gefecht bis zur Erschöpfung gefordert.

During the rapid amored thrusts, motorized formations of the SS support unit were put into action. They experienced long road marches and continous fighting, up to the point of exhaustion.

Ein Arzt der Totenkopf-Verbände versorgt verwundete Engländer.

A medical officier of the „Totenkopf“ units care of injured English soldiers.

General der Panzertruppe Guderian waren Teile der LAH und der VT bei seinem schnellen Vorstoß auf Dünkirchen unterstellt.

General Guderian, Commander of the Armored Troops, led parts of the LAH and the VT during the thrust on Dunkirk.

SS-Friedhof auf dem hart umkämpften Grebbe-Berg in Holland.

An SS-cemetry on the Grebbe-Berg/Holland where heavy fighting took place.

Für die Bezwingung des Grebbe-Berges wird Untersturmführer Kepplinger mit dem Ritterkreuz ausgezeichnet (Hausser - Kepplinger - Keppler).

Untersturmführer Kepplinger was awarded the Ritterkreuz for his participation in the conquering of the Grebbe-Berg.
(Hausser - Kepplinger - Keppler)

Die LAH nach dem Westfeldzug bei der Siegesparade in Berlin.

After the Western Campaign the LAH takes part in the victory parade in Berlin.

DER BALKAN-FELDZUG 1941

THE BALKANS CAMPAIGN

Über Rumänien marschiert die LAH in Griechenland ein. Krad-Schützen der Leibstandarte auf dem Vormarsch. Auf den Fahrzeugen inzwischen das taktische Zeichen der LAH der „Dietrich".

After the conquest of Roumania, the LAH invades Greece. Motorcycle riflemen of the LAH during their advance. The tactical signs of the LAH, the „Dietrich", now appear on the vehicles.

Der Feldzug auf dem Balkan, ursprünglich von Hitler nicht vorgesehen und nur durchgeführt, um die sich anbahnende und von englischer Seite geschickt forcierte Flankenbedrohung auszuschalten, sollte den von Hitler längst ins Auge gefaßten Kampf gegen Rußland um viele und sicher entscheidende Wochen hinausschieben.

Die SS-Divisionen „Leibstandarte Adolf Hitler" (Sepp Dietrich) und „Das Reich" (Hausser) hatten erheblichen Anteil an der schnellen Beendigung des Feldzuges. Beim Durchbruch durch die Metaxas-Linie, dem Handstreich auf Belgrad, die Eroberung des Klidi-Passes und der Zerschlagung der Stellungen des britischen Korps westlich des Olymp waren die SS-Divisionen entscheidend beteiligt.

Geländeschwierigkeiten stellen an die motorisierten Verbände härteste Anforderungen.
Difficult terrain conditions are extremely demanding of the motorized units.

Schwere Artillerie der LAH feuert auf englische Stellungen am Klidi-Paß.

The heavy artillery of the LAH fires on English positions in the Klidi-Pass.

Nach Bezwingung des hart umkämpften Klidi-Passes werden englische Gefangene und Verwundete versorgt.

After conquering the heavily fought for Klidi-Pass, the Germans look after the English prisoners and injured soldiers.

Der Erstürmer des Klidi-Passes Obersturmführer Gerd Pleiß.

Obersturmführer Gerd Pleiß, the conqueror of the Klidi-Pass.

Sturmbannführer Fritz Witt, dessen Bruder Franz (Bild unten) bei den Kämpfen um den Klidi-Paß gefallen ist, bei Befehlsausgabe.

Sturmbannführer Fritz Witt, whose brother died during the battle for the Klidi-Pass (photo below), gives orders.

Gräber der LAH am Klidi-Paß.

Graves of the LAH in the Klidi-Pass.

Ein Stoßtrupp der Division „Das Reich" erobert am 13. 4. 1941 Belgrad.
An advance troop of the division „Das Reich" conquers Belgrad on 13 April 1941.

Die Aufklärungs-Abt. der LAH setzt in kühnem Vorstoß nach Patras über.
In a bold thrust, a reconnaissance unit of the LAH crosses over to Patras.

3,7 cm Flak in Stellung.

A 37 mm antiaircraft gun in position.

Die motorisierten Verbände der Division „Das Reich“ auf dem Vormarsch, vorbei am geschlagenen Gegner.

During their advance, motorized units of the division „Das Reich“ pass the defeated enemy.

Das Ende des Feldzuges in Griechenland. Der Gegner ist geschlagen. Der Kommandeur der LAH, Sepp Dietrich, bei einer Ansprache in den Ruinen von Olympia.

The end of the campaign in Greece: The enemy is defeated. Sepp Dietrich, the commander of the LAH, delivers an addreass in the ruins of Olympia.

Kapitulationsverhandlungen mit griechischen Offizieren. Rechts: Sepp Dietrich.

Negotiations with Greek officiers on terms of surrender. On the right: Sepp Dietrich.

von links: SS-Obergruppenführer Sepp Dietrich, General Stumme, Generalfeldmarschall List.

From the left: SS-Obergruppenführer Sepp Dietrich, General Stumme, Generalfeldmarschall List.

Sepp Dietrich an der Spitze der LAH bei der Siegesparade in Athen vor Generalfeldmarschall List.

Sepp Dietrich leading the victory parade in front of Generalfeldmarschall List in Athens.

Die SS-Divisionen, und ab 1942 die SS-Panzer-Divisionen, waren während des ganzen Feldzuges bevorzugt an den Brennpunkten der Kämpfe eingesetzt. Die Tapferkeit der Männer der Waffen-SS, ihre Bereitschaft zum bedingungslosen Einsatz und ihr Opferwille machten sie bald zum gefürchteten und auch am meisten gehaßten Gegner der russischen Verbände. Es konnte aus dieser beiderseitigen Einstellung heraus nicht ausbleiben, daß die Härte der Kämpfe und die Unversöhnlichkeit des Einsatzes immer bittere Formen annahmen. Entkleidet man aber diesen Kampf von allen vorgefaßten und als erwiesen scheinenden Meinungen, so bleibt - hier wie dort - der Opfergang junger Menschen, die mit allem, was sie zu geben hatten, für ihr Land fochten, überzeugt, das Rechte zu tun, ohne Wunsch und Wille, sich in die Beweggründe des anderen zu versetzen. Warum sollten sie auch. Sie waren in einem Kampf auf Leben und Tod ineinander verkrallt, und erst viel später mag bei manchem auf deutscher Seite die Erkenntnis gewachsen sein, was eigentlich in diesem

fremden Land, in Rußland, vor sich ging. Zu diesem Zeitpunkt aber hatte er unendlich viele seiner Kameraden neben sich fallen sehen und in die russische Erde gebettet.
Da dieses Buch nicht von der höchsten Führung der SS, nicht von den Sonderverbänden, von deren trauriger Arbeit sich jeder anständige Mensch distanzieren muß, handelt, sprechen wir nur vom Frontsoldaten der Waffen-SS. Er hat wie seine Kameraden vom Heer und der Luftwaffe in den weiten russischen Ebenen, den Sümpfen oder in den Städten Rußlands mit einem immer stärker werdenden Gegner gerungen, in den Tagen des stürmischen Vormarsches und der schweren Zeit des Rückzuges, in gutem Glauben, zuletzt zurückgelassen und vergessen, als sich Hitler, Himmler und andere Verantwortliche durch Selbstmord davonstahlen. Er mußte die Bitterkeit der Niederlage auskosten bis zum Grund. Viele fielen der Rache der Roten Armee durch Erschießen zum Opfer, viele blieben in russischer Gefangenschaft. Die Überlebenden aber, verachtet und geschmäht in den ersten Jahren nach dem Kriege, erlebten erst viel später, daß man bei der Bewertung ihrer soldatischen Leistung politische Erwägungen, Fehler, Irrtümer und Verbrechen des Nationalsozialismus nicht in die Wagschale werfen darf.

An der Spitze der Angriffstruppen überschreiten die Männer der Waffen-SS die russische Grenze und werden sofort in schwere Kämpfe verwickelt.

Among the lead elements of the attack troops are men of the Waffen-SS. As they pass the Russian border, they immediately encounter very heavy fighting.

Die russischen Truppen leisten von Anfang an verbissenen Widerstand, der oft im Kampf Mann gegen Mann gebrochen werden muß.

From the outset, the Russian troops offer stubborn resistance which very often must be broken in hand-to-hand combat.

Die ersten Gefangenen werden eingebracht. Sofortige Verhöre sollen zu einem besseren Bild über die Feindlage verhelfen.

The bringing in of the first prisoners. Immediate interrogations are supposed to give a better impression of the enemy situation.

Der erste Gefechtsstand des Regimentes „Westland" ostwärts Lemberg am 1.7.41
v. l.: Staf. Wäckerle, Hstuf. Paetsch (Ic), Hstuf. v. Schalburg (01), Brigfhr. Steiner, Hstuf. Ziemsen (Adju. Westland).

The first combat headquarters of the regiment „Westland" east of Lemberg on 1 July 1941.
From the left: Staf. Wäckerle, Hstuf. Paetsch (Ic), Hstuf. v. Schalburg (01), Brigfhr. Steiner, Hstuf. Ziemsen (Adj. Westland).

6

Motorisierte Verbände der Division „Das Reich" verfolgen den Gegner, unterstützt durch Panzer des Heeres.

The enemy is pursued by motorized units of the division „Das Reich" supported by army tanks.

v. l.: Fritz Vogt, Hans Weiß, Hannes Mühlenkamp von der Aufklärungs-Abt. „Das Reich“

From the left: Fritz Vogt, Hans Weiß, Hannes Mühlenkamp of the reconnaissance unit „Das Reich“.

Die Aufklärungs-Abt. der Division „Das Reich“ immer an der Spitze der Panzergruppe Guderian.

The reconnaissance unit of the division „Das Reich“ is always at the front of the Guderian Panzer Group.

Russische Panzerspähwagen sind erkannt und werden durch Infanterie-Geschütze der Totenkopf-Division abgeschossen.

Russian amored cars - identified and destroyed by infantry guns of the „Totenkopf" Division.

„Feldherrenhügel" der T-Division. In Bildmitte: Prieß, Eicke, Becker.

Command post of the T-Division. In the center: Prieß, Eicke, Becker.

Nach kurzem Verhalten und Orientieren im Gelände geht der Angriff weiter.

After a short rest and a reorientation, the advance is continued.

Eicke und Prieß im VW-Kübelwagen.
Eicke and Prieß in a VW-command car.

Hstuf. Otto Baum, dessen Stander von der Härte der Kämpfe zeugt, in vorderster Linie mit Gruppenführer Eicke.

Hstuf. Otto Baum - his banner shows signs of the heavy fighting of the past few days - in the lead element with Gruppenführer Eicke.

Mit Panzerunterstützung geht der Vormarsch weiter und erfordert von den Männern immer wieder vollen Einsatz.

The advance goes on supported by tanks. The men are fully committed time and time again.

Im Morgengrauen wird der Dnjepr überwunden. Diese Bilder stehen für viele hart umkämpfte Flußübergänge, die immer wieder besonders schwere Opfer forderten.

At dawn the Dniepr is passed. This photo depicts one of the many hard fought river crossings, which time and again demanded many sacrifices.

In der Ukraine. Trotz der schweren Kämpfe sind die Kontakte zur Bevölkerung anfangs noch gut . . .

In the Ucraine. In spite of the heavy fighting the relations with the inhabitants are still good . . .

In der Glut der Vormarschtage: Durst ist schlimmer als Heimweh!

During the advance, when the heat becomes unbearable the soldiers only desire is to quench his thirst.

Der Widerstand der Roten Armee versteift sich und bringt hohe Verluste. Erste Versorgung von Verwundeten auf dem Gefechtsfeld.

The resistance of the Red Army stiffens and causes heavy losses. First aid for the injured soldiers on the battle field.

Ärztliche Betreuung auf dem HVP.
Medical treatment in the clearing station.

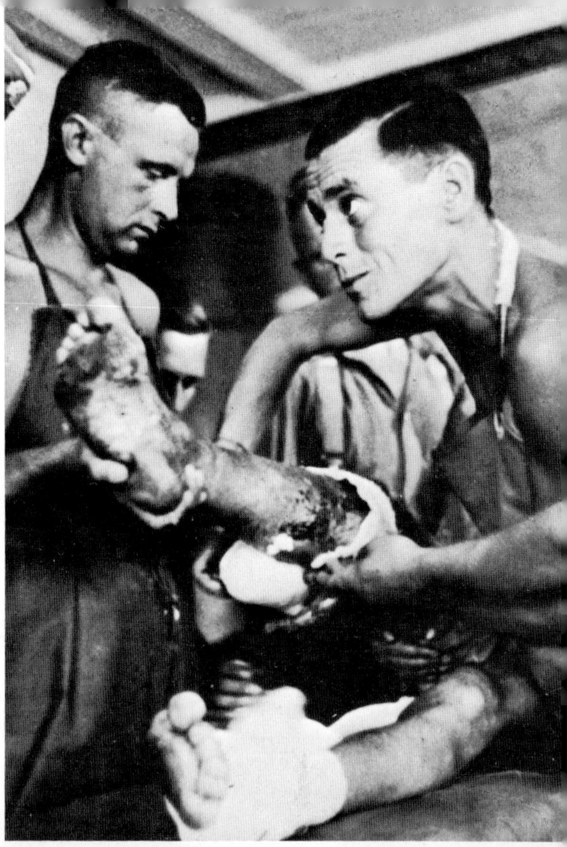

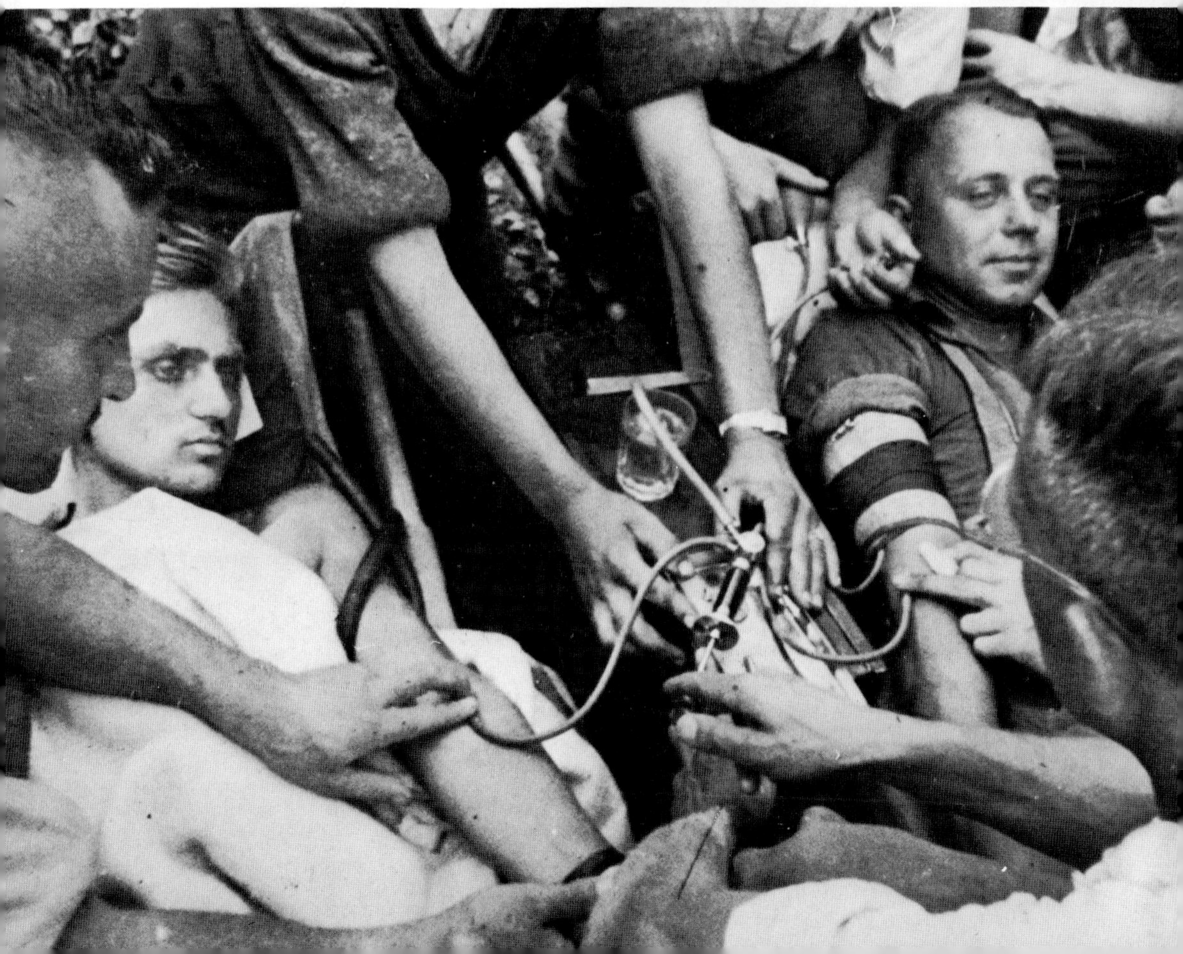

Immer mehr Männer der Waffen-SS werden in russische Erde gebettet.
More and more men of the Waffen-SS are buried in Russian soil.

Die Last des Kampfes ruht auf den Schultern der Landser, von denen die „sagenhaften“ Rottenführer besonders zu erwähnen sind.
„Die Rottenführer sind das Rückgrat der Waffen-SS. Ihre Zahl und Gesinnung ist unbedingt geheim zu halten.“

The brunt of the fight is carried by the Landser (doughboys), the legendary „Rottenführer" among them deserve special mention. „The Rottenführer is the backbone of the Waffen-SS. Their number and their mission is to be kept absolutely secret."

Die einsetzenden schweren Regenfälle fordern höchsten Einsatz von Menschen und Fahrzeugen. Der Vormarsch verlangsamt sich.

As the heavy rain begins to fall, men and vehicles are engaged to their maximum extent. The advance slows down.

Die Krad-Fahrer hatten ganz besonders unter den Unbilden der Witterung zu leiden und mußten oft genug die Karre buchstäblich aus den Dreck ziehen.

Motor cyclist were especially suffering from the disastrous weather .

Der besonders früh einsetzende Winter trifft die Truppe unvorbereitet und die unzureichende Winterausrüstung zwingt zur Improvisation.

An early winter surprises the unprepared troops and insufficient winter equipment forces the men to improvise.

Obergruppenführer Hausser, Obersturmbannführer Ostendorff, Hauptsturmführer Klingenberg bei der Befehlsausgabe während des Angriffs auf Moskau.

Obergruppenführer Hausser, Obersturmbannführer Ostendorff, Hauptsturmführer Klingenberg give orders during the attack on Moscow.

Massive russische Gegenangriffe bei der Heeresgruppe Mitte stoppen den Vormarsch, führen teilweise zum Rückzug und zu schweren Abwehrkämpfen.

Massive Russian counterattacks on Army Group Center stop the advance. This causes the army to retreat to an unfavorable defensive position.

Das Nachschubproblem wird immer größer. Teilweise müssen die eingekesselten Truppen - so bei Demjansk - aus der Luft versorgt werden. Der Höhepunkt des Winters 1941/42: Schwere Abwehrkämpfe an der überdehnten oft zerrissenen und nur durch Stützpunkte gehaltene Front fordern das Letzte an Einsatz und Kampfkraft.

The supply problem is getting worse - as in Demjansk, encircled troops have to be supplied by air drops. The peak of the winter 1941/42: Heavy defensive battles all along the overextended and numerously penetrated front line demands the complete engagement and fighting energy of the German soldier.

In den festgefahrenen deutschen Angriff hinein stossen die Divisionen der Roten Armee. Die Sowjets, die verbissen und mit aller Tapferkeit die in ihre Heimat eingedrungenen deutschen Armeen zurückzuwerfen suchen, drohen die Heeresgruppe Mitte aus den Angeln zu heben.

Divisions of the Red Army thrust into the bogged down German attack. The Soviet soldiers who had tried to throw back the German invaders now threaten to destroy Army Group Center.

Russische Zivilbevölkerung wird zum Freihalten der Nachschubstraßen eingesetzt.

Russians civilians are employed to clear supply routes.

Gegenangriff über einen zugefrorenen See im Nordabschnitt der Ostfront.

Counterattack over a frozen lake in the northern sector of the eastern front.

Improvisierter Transport einer 3,7 cm Flak auf Pferdeschlitten.

Improvised transport of a 37 mm antiaircraft gun on a sleigh.

Zwei russische Waffen, die jedem Russlandkämpfer wohl immer in Erinnerung bleiben werden: Panzer T 34 und 7,62 cm Pak, genannt „Ratsch-Bumm".

Two Russian weapons, certainly remembered by everyone who fought in Russia: Tank T-34 and 76.2 mm anti-tank gun, called „Ratsch-Bumm".

Im Nordabschnitt der Ostfront, am Wolchow, hat der Krieg sein besonderes Gesicht.
At the Wolchow River in the northern sector of the eastern front, the war has a „special face“.

Tiefe Grabensysteme, Erdlöcher und Knüppeldämme kennzeichnen den Abwehrkampf in dieser Wald- und Sumpflandschaft.

Deep trench systems, holes and log-roads in these forests and swamps are characteristic of the condition under which the defensive battles were fought.

Auch ein Nachschubproblem: Zeitungen werden angefordert und durch Ju 52 „geliefert“.

„Another supply problem“: Newspapers from home are delivered by Ju 52 cargo planes.

Sturmbannführer Otto Kron von der T-Division bei einer Lagebesprechung mit Offizieren des Heeres.

Sturmbannführer Otto Kron of the T-Division at a conference with army officers.

„Drahtseilakt“ am Wolchow.

„Wire rope performance“ at the Wolchow River.

DIE OFFENSIVE IM SÜDEN 1942 THE OFFENSIVE IN THE SOUTH

Nach den schweren Rückschlägen im Winter 1941/42 standen im Mai 1942 die deutschen Armeen zu neuer Offensive bereit. Ein russischer Gegenangriff, der in die deutschen Bereitstellungen zielte, endete am 28. 5. mit der Zurückschlagung von vier feindlichen Armeen. Nach der Wiedergewinnung Charkows entschloß sich Hitler in maßloser Überschätzung seiner militärischen Möglichkeiten, die beiden deutschen Panzer-Armeen in östlicher und südöstlicher - also exzentrischen Richtungen - angreifen zu lassen. Zwar wurde am 8. 8. das Ölgebiet von Maikop erreicht, bei dem weiteren Vorstoß jedoch mangelte es mehr und mehr an Nachschub, besonders an Kraftstoff. Die deutschen Truppen gelangten hier nicht über den von den Russen zäh verteidigten Terek hinaus.

Die Heeresgruppe B hatte sich inzwischen in Richtung Stalingrad vorangekämpft. Der Westrand dieser Schicksalsstadt wurde am 25. 8. erreicht.

Hier wie im Süden endete die so schwungvoll begonnene Offensive in erbitterten Kämpfen gegen einen Feind, der es verstanden hatte, sich während der deutschen Angriffe jeder Umklammerung und Einkesselung zu entziehen, und der seinerseits zu entschlossenen Gegenangriffen antrat.

Die große Offensive im Süden Rußlands soll die Entscheidung bringen . . .
The great offensive in the south of Russia shall bring the decision.

Immer wieder stockt der Vormarsch und muß im Infantrie-Angriff wieder vorangebracht werden.

Again the advance is bogged down and must be pushed forward by infantry attacks.

Erst dann können die motorisierten Truppen - hier SS-Division „Wiking“ - über die endlosen Ebenen weiter nach Osten vorstoßen und zügig Raum gewinnen.

Now, the motorized troops (here SS-Division „Wiking“) advance, covering endless plains and rapidly seizing terrain further to the East.

In der Weite des russischen Raumes kam den Nachrichtenverbindungen besondere Bedeutung zu.

In the vastness of the Russian country, communications are extremely important.

Strippenzieher bei der Arbeit.

Working at the wiring system.

Das Feldtelefon, unentbehrlich für den vorgeschobenen Beobachter . . .

In the same way that the field telephone is indispensable for the observation post . . .

. . . ebenso wie Funkgerät und Klappenschrank unentbehrlich für die Führung der Truppe sind.

. . . the radio and the drop type switchboard are just as indispensable for the command of the troops.

Unter Führung von Obergruppenführer Felix Steiner stößt die Division ,,Wiking" nun mit eigenen Panzern und Selbstfahrlafetten nach Süden in Richtung Kaukasus vor.

Under the command of Obergruppenführer Felix Steiner, the division ,,Wiking" is advancing southward towards the Caucasus in tanks and self-propelled gun vehicles.

7,5 cm Pak in Stellung.

75 mm anti-tank gun in position.

Schwerer Granatwerfer und leichtes Infanterie-Geschütz im Feuerkampf.

Heavy trench-mortars and light infantry guns are engaged in combat.

Vorgeschobener Beobachter leitet am Scherenfernrohr das Feuer von schweren Infanterie-Geschützen.

A forward observer directing the fire of heavy infantry guns.

Der tausendste Schuß einer lFH-18 wird geladen.

The thousandth shot of a lFH-18 is being loaded.

Rohrkrepierer: Der Angsttraum eines jeden Artilleristen.

Muzzel burst: Nightmare of every artillery man.

Die Division „Wiking“ erreicht das Vorfeld des Kaukasus.
Division „Wiking“ reaches the fore front of the Caucasus.

Männer der SS-Division „Wiking" mit ihrem Geschütz in einer beherrschenden Höhenstellung im Kaukasus.

Members of the SS-Division „Wiking" place their gun in a dominating position in the Caucasus.

Bei der Abwehr russischer Panzerangriffe bewährt sich immer wieder die 8,8 cm Flak und die 7,5 cm Pak.

The 88 mm antiaircraft guns and the 75 mm anti-tank guns always prove effective in defending Russian tank assaults.

Der zweite Rußlandwinter bricht an. Wieder stehen die Divisionen der Waffen-SS an allen Teilen der Front im schweren Abwehrkampf.
The second winter in Russia begins. All along the front, the divisions of the Waffen-SS are involved in fierce defensive battles.

CHARKOW 1943

von Generalfeldmarschall v. Manstein

Der Februar 1943 stand im Zeichen sich laufend verstärkender russischer Angriffe. Die Gefahr, daß die Heeresgruppe Süd aus den Angeln gehoben würde, wuchs ständig. Am 15. 2. hatte das SS-Panzer-Korps Charkow geräumt, nachdem abzusehen war, daß die in der Stadt befindlichen Truppen vor der Einkesselung standen. Diese Räumung habe ich verstanden und gebilligt, wenngleich ich erst von der vollzogenen Tatsache erfuhr. Am 17. Februar traf Hitler in meinem Hauptquartier ein und ich trug ihm meine Absicht vor, aus der Gegend Krasnograd in Richtung Pawlograd vorzustoßen und zusammen mit der 4. Panzer-Armee einen Schlag im Gebiet Charkow zu führen.

Am 7. März traten unsere Truppen zum Angriff an, der dank der Schlagkraft und Einsatzbereitschaft, auch der SS-Divisionen, gut voran kam. Allerdings hatte der Feind jetzt die Gefahr erkannt, die seiner Woronesch-Front drohte. Hier kam es zu der von mir vorgeschlagenen und dann auch durchgeführten „Großen Rochade", d. h. der schnellen Verlegung des Schwerpunktes von dem rechten auf den linken Heeresflügel. Wir mußten deshalb versuchen, die fremden Kräfte, die in Richtung Achtyrka weit nach Westen vorgestoßen waren, am Entweichen nach Osten zu hindern. Dies führte zur zweiten Operation, dem entscheidenden „Schlag aus der Nachhand". Vielleicht gelang es dabei, Charkow im Handstreich zu nehmen. Auf alle Fälle wollte ich einen Kampf um Straßenzüge und Häuserblöcke vermeiden. Natürlich zog die Stadt während des Angriffs die Truppe magisch an, und ich mußte immer wieder energisch eingreifen, um zu verhindern, daß die Einheiten sich in der Stadt festbissen. Schließlich gelang es gegen starken Feindwiderstand, das SS-Panzer-Korps ostwärts um Charkow herum zu führen. Das war die Entscheidung. Die Stadt fiel am 14. März in die Hand des SS-Panzer-Korps. Alle Divisionen dieses Korps, „Leibstandarte Adolf Hitler", „Das Reich", die „Totenkopf-Division" und später auch die SS-Division „Wiking" haben hervorragenden Anteil am Gelingen dieser Operation, die das Gesetz des Handelns noch einmal für kurze Zeit in unsere Hand gab. Daß die sich jetzt bietende Chance vertan wurde, daß Hitler mit seinen Entscheidungen eine eventuell mögliche Remis-Lösung verspielte, steht auf einem anderen Blatt. Hier gibt es nur zu berichten, daß die beteiligten SS-Divisionen in guter Waffenbrüderschaft mit den Soldaten des Heeres die Schlacht um Charkow geschlagen haben und in vorbildlichem Kampfgeist zum Erfolg beitrugen.

Panzer IV im Nachtgefecht mit durchgebrochenen russischen Kräften.
German Panzer IV tanks break through the Russian forces at night.

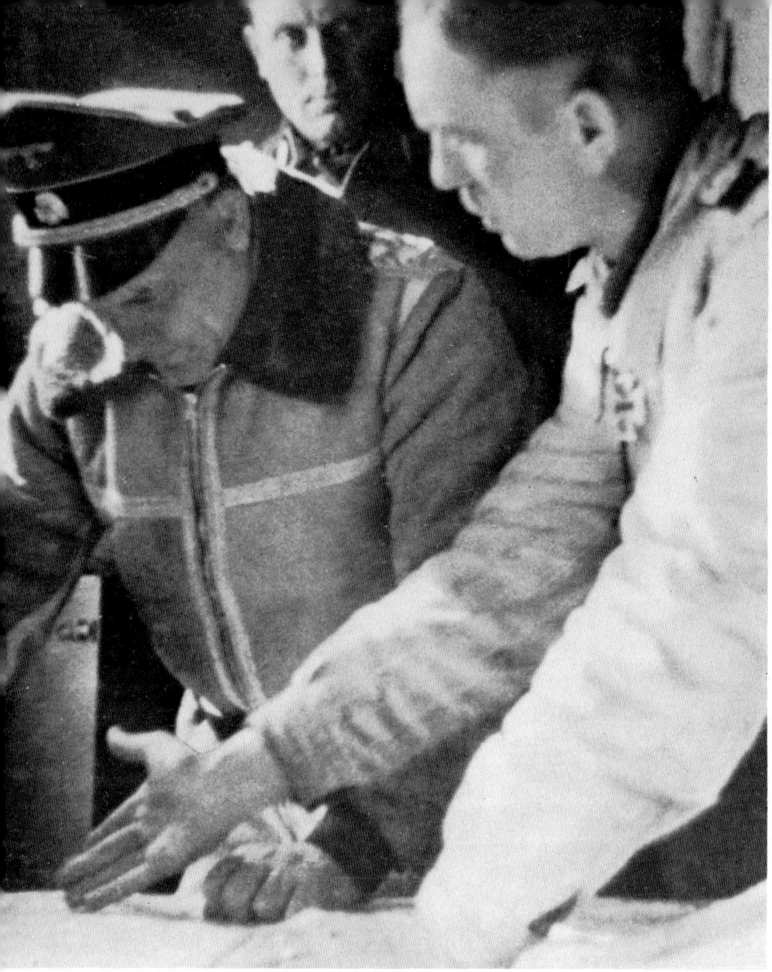

Lagebesprechung zum Gegenangriff auf Charkow. Von links: Sepp Dietrich, „Teddy Wisch“ und Kurt Meyer, genannt „Panzermeyer“

Conference to discuss the counterattack on Charkow. From the left: Sepp Dietrich „Teddy Wisch“ and Kurt Meyer, called „Panzermeyer“

Panzer der Leibstandarte gehen zum Gegenangriff über.

Tanks of the „Leibstandarte“ begin the counterattack.

7,5 cm Pak unterstützt vorgehende Panzergrenadiere der LAH.
75 mm anti-tank guns support the advancing amored infantrymen of the LAH.

Die Aufklärungsabteilung der LAH an der Spitze des Gegenangriffs auf Charkow . . .
The reconaissance unit of the LAH leads the counterattack on Charkow . . .

. . . bleibt wegen Benzinmangels liegen und fordert auf originelle Weise Versorgung aus der Luft an.

. . . and must stop due to a lack of gasoline. In a funny way, it is now demanding supply through the air.

Obergruppenführer und General der Waffen-SS Paul Hausser, der in eigener Verantwortung Charkow räumt und später wieder erobert.

Obergruppenführer and General of the Waffen-SS Paul Hausser makes the decision to withdraw from Charkow. He will recapture it later on.

Sturmbannführer Christian Tychsen, Pz. Rgt. „Das Reich".

Obersturmbannführer Otto Kumm,Kdr. Pz. Gren. Rgt. „Der Führer".

Hauptscharführer Hans Reimling, Zugführer im 2. Pz. Rgt. LAH.

Sturmbannführer Max Wünsche, Kdr. I. Pz. Rgt. LAH.

Obersturmführer Rudolf v. Ribbentrop, der Sohn des damaligen Reichsaußenministers, im Turm seines Panzer IV während des Gegenangriffs auf Charkow. v. Ribbentrop wurde im Juli 1942 mit dem Ritterkreuz ausgezeichnet.

Obersturmführer Rudolf v. Ribbentrop, son of the former Reichsminister for Foreign Affairs, in the turret of his Panzer IV tank during the counterattack on Charkow. v. Ribbentrop was awarded the Ritterkreuz in July 1942.

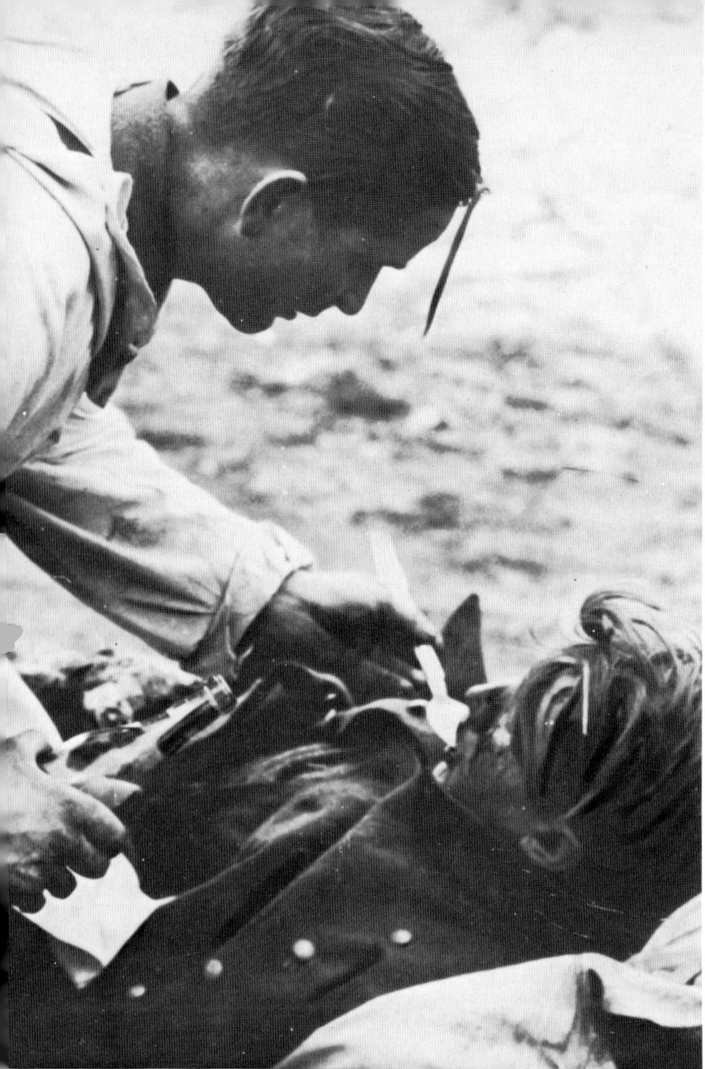

Diese beiden Bilder von der Versorgung Verwundeter auf dem Gefechtsfeld gehören zu den letzten Bildern des SS-Berichters Augustin, der bei den Kämpfen um Charkow gefallen ist.

These two pictures illustrate the treatment of injured soldiers on the battle field. They are some of the last photographs taken by the SS reporter Augustin who was killed during the Battle of Charkow.

Grab des SS-Obergruppenführers Theodor Eicke bei Orelka.
The grave of SS-Obergruppenführer Eicke near Orelka.

Beerdigung eines unbekannten SS-Mannes am Roten Platz in Charkow.
Burial of an unknown SS-soldier on the Red Square of Charkow.

Auf dem Weg nach Charkow. Feuernde leichte Feldhaubitze.

On the way to Charkow. A firing light field-howitzer.

l.MG deckt vorgehende Infanterie.

A machine gun providing cover to the advancing infantry.

Nebelwerfer bereiten den Angriff auf das Stadtgebiet Charkow vor.
Salvo gun prepares to fire on the center of Charkow.

Einheiten der „Leibstandarte" haben den Stadtrand von Charkow erreicht.
Units of the „Leibstandarte" have reached the outskirts of Charkow.

Der Umfassungsangriff der T-Division ist trotz Geländeschwierigkeiten in vollem Gange. Panzer der Division „Das Reich" dringen in Charkow ein.

The encircling attacks of the T-Division developed successfully in spite of the difficult terrain. Tanks of the Division „Das Reich" enter Charkow.

Der Kommandant eines Panzerspähwagens setzt eine Meldung ab.

The commander of an amored car reports.

Kommandeure der Leibstandarte. Von links: Witt, Wünsche, „Panzermeyer“.

Commanders of the „Leibstandarte“. From the left: Witt, Wünsche, „Panzermeyer“.

„Panzermeyer“ gibt Feueranleitung für Panzer IV, während sich sein Schäferhund offensichtlich über den Krach beschwert.

„Panzermeyer“ gives fire commands to Panzer IV tanks while his Alsatian dog obviously complains about the noise.

7,5 cm Panzerjäger auf Selbstfahrlafette und lMG im Straßenkampf um die „Peiperbrücke".

75 mm self-propelled anti-tank gun and a light machine gun are involved in street battles for the „Peiper bridge".

Am Roten Platz in Charkow. Links: Sturmbannführer Max Hansen. Bild unten, von links: Hauptsturmführer K. H. Prinz, Standartenführer Witt und im Schützenpanzer Standartenführer Wisch.

On the Red Square in Charkow. Left: Sturmbannführer Max Hansen. Photo below, from the left: Hauptsturmführer K. H. Prinz, Standartenführer Witt and Standartenführer Wisch in his SPW.

ftaufnahme vom Roten Platz in Charkow . . .

aerial view of the Red Square in Charkow . . .

. . . der in „Platz der Leibstandarte" umgetauft wurde. Die Wegweiser dokumentieren die drei, im Kampf um Charkow eingesetzten SS-Divisionen.

. . . which was renamed the „Square of the Leibstandarte". The indicators show the names of the three SS-divisions which were engaged in the battles of Charkow.

Das eroberte Traktorenwerk in Charkow produziert weiterhin T 34 unter „neuer Leitung“.
The captured tractor-factory in Charkow continues producing T-34 tanks, however, under German control now.

Diese russischen Panzer (T 34), welche später im Partisanenkampf eingesetzt wurden, fanden das besondere Interesse des Reichsführers SS, H. Himmler. Der „Reichsheini" im Turm eines Tigers, den er aber nur mit Hilfestellung erreichen konnte.

These tanks, which were later used in guerilla warfares, were of special interest to Reichsführer SS H. Himmler. „Reichsheini" in the turret of a tank, which he was only able to enter with assistance.

Nach der Charkow-Schlacht am 20. 4. 1943. Gruppenführer Krüger verleiht Auszeichnungen an Führer der SS-Division „Das Reich". Von links: Das Eichenlaub an Otto Kumm, das Ritterkreuz an Ch. Tychsen, K. H. Worthmann, S. Stadler, V. Kaiser, Hans Weiß.

On 20 April 1943, after the battle of Charkow, Gruppenführer Krüger honors the leaders of the SS-division „Das Reich". From left: Eichenlaub to Otto Kumm, Ritterkreuz to Ch. Tychsen, K. H. Worthmann, S. Stadler, V. Kaiser and Hans Weiß.

Gratulation zum Ritterkreuz für Unterscharführer Thaler, Pz. Rgt. „Das Reich".

Congratulations for the receipt of the Ritterkreuz are extended to Unterscharführer Thaler, Pz. Rgt. „Das Reich".

Sepp Dietrich verleiht das Ritterkreuz an (von links): Max Hansen, Hans Becker und Hermann Weiser.

Sepp Dietrich presenting the Ritterkreuz medal to (from the left) Max Hansen, Hans Becker and Hermann Weiser.

Kommandeure der Leibstandarte.
1. Reihe: Ewert, Staudinger, Besuden, „Panzermeyer", Sepp Dietrich, Weiser, Sandig, Bludau, Schönberger

2. u. 3. Reihe: Siebken, Becker, Wisch, Westernhagen, Kraas, Günther, Lehmann, Frey, Hubert Meyer, Maaß, Krause.

Commanders of the „Leibstandarte".
1st row: Ewert, Staudinger, Besuden, „Panzermeyer", Sepp Dietrich, Weiser, Sandig, Bludau and Schönberger.
2nd and 3rd row: Siebken, Becker, Wisch, Westernhagen, Kraas, Günther, Lehmann, Frey, Hubert Meyer, Maaß, Krause.

Große Kommandeur-Besprechung.

High level commanders meeting.

Von links: Hausser, Dietrich, Gille, „Panzermeyer".

From the left: Hausser, Dietrich, Gille and „Panzermeyer",

Von links: Prieß, Gille, Krüger, Dietrich;

From the left: Prieß, Gille, Krüger and Dietrich.

Die in der Charkow-Schlacht bereits mit großem Erfolg eingesetzten neuen Tiger-Panzer sollten sich bald beim Unternehmen „Zitadelle" erneut bewähren.

The Tiger-tanks, already successfully used during the battles of Charkow, again prove themselves effective during the „Operation Citadel".

Blick in den Kampfraum eines Tiger-Panzers.
Der Fahrer.
Der Funker.
Der Richtschütze.

The inside of a Tiger-tank:
The driver.
The radio operator.
The gunner.

Der Ladeschütze.
The gunner.

Der Kommandant.
The commander.

Zum Unternehmen „Zitadelle“ wurden noch einmal alle verfügbaren Panzerkräfte zu einer großangelegten Offensive zusammengefaßt. Panther und Schützenpanzerwagen mit Panzer III fahren in die Bereitstellung.

Once again all available Tank forces are massed for a concentrated attack during „Operation Citadel". Panther tanks, armored utility vehicles, and Panzer III tanks are in an assembly area.

3 to-SPW mit 7,5 cm KwK.
Armored utility vehicles with 75 mm tank gun.

„Tiger“ in Bereitstellung.
„Tiger“ tank ready for action.

Unternehmen „Zitadelle" - der Versuch, den großen Kursker Bogen von Norden und Süden her „abzuknei - fen" - beginnt.

„Operation Citadel" begins. This is an attempt to cut off from the North and South the large salient of Kursk.

Grenadiere zeigen den Kampfflugzeugen die vorderste Linie an.

Infantrymen mark the forward edge of the battle line for the combat aircrafts.

Grenadiere gehen mit Panzerunterstützung vor.
Infantrymen advancing supported by tanks.

Pioniere räumen und markieren eine Minengasse. Ein Sturmgeschütz wird zur Durchfahrt eingewiesen.

Engineers sweep and mark mine fields. An assault gun covers the passage shown in this picture.

In zügigem Angriff wird zunächst Boden gewonnen. Gefangene werden zum Munitionstransport eingesetzt.

At the beginning, the Germans rapidly seize land. Prisoners are used for transporting ammunition.

Der Widerstand der Russen versteift sich. Den SS-Verbänden liegen russische Eliteeinheiten gegenüber. Stukas vom Typ Ju 87 bomben den Weg frei.

The Russian resistance stiffens. SS-units are confronted with Russian elite troops. Stuka dive-bombers of the Ju 87 type open a passage through the enemy lines.

Gefechtsstand in einem russischen Panzergraben.
A command post in a Russian tank trench.

Sturmbannführer Peiper mit seinem Adjutanten, Untersturmführer Wolff auf dem Gefechtsstand.
Sturmbannführer Peiper with his adjutant Untersturmführer Wolff in the command post.

Abgeschossene Panzer vom Typ T 34.
Destroyed Russian T-34 tank.

Panzergrenadier in Deckungsloch vor abgeschossenem T 34.
Armored infantrymen take cover behind a destroyed T-34 tank.

Der Angriff der Panzer bleibt im schweren Abwehrfeuer der Russen liegen.
The armored assault is stopped by the heavy defensive fire of the Russians.

Die Härte des Kampfes zeichnet die Gesichter der jungen Grenadiere.
The faces of the young infantrymen show the strain of battle.

Trotzdem werden immer wieder Gegenangriffe vorgetrieben.
Nevertheless the counterattack is pushed forward.

Verwundeten-Sammelstelle unmittelbar hinter der HKL.
The collecting station for wounded soldiers is situated directly behind the mainline of resistance.

Standartenführer Heinz Harmel im Befehlspanzer - im Deckungsloch - bei der Begießung des eben verliehenen Ritterkreuzes an G. E. Wisliceny und Helmut Schreiber.

Standartenführer Heinz Harmel under the cover of his command tank drinks to the health of G. E. Wisliceny and Helmut Schreiber. Both men were just awarded the Ritterkreuz medal.

Ritterkreuz für Oberscharführer Kurt Sametreiter, (3. Pz. Jäg. Abt. LAH) und Standartenführer Ostendorff, Ia Division „Das Reich“.

Ritterkreuz for Oberscharführer Kurt Sametreiter (3. Pz. Jäg. Abt. LAH) and Standartenführer Ostendorff, Ia division „Das Reich“.

Nach der verlorenen Schlacht um Kursk schwere Rückkämpfe, nicht nur im Süden, sondern auch im Mittelabschnitt und Nordabschnitt.

After the battle of Kursk is lost, a fierce retrogade action is fought in the south, the central and even in the northern sectors.

Das Überwinden der Flüsse, ständig vom nachstoßenden Feind bedrängt, bringt zusätzliche Schwierigkeiten, die oft durch Improvisation gemeistert werden müssen.

Under the pursuit of the enemy, river crossings become extremely difficult. These must be overcome by clever improvising.

Die russischen Straßenverhältnisse erschwerten jede Truppenbewegung.

All moments of troops are retarded by the poor condition of the Russian roads.

Feldküche nach vorn!

Field kitchen ahead.

Endlich ist wieder Brot eingetroffen . . .

Eventually bread arrives . . .

. . . sogar Champagner verirrt sich gelegentlich in den vordersten Graben.

. . . and occasionally even champagne find its way to the front line.

Essenträger bringen - trotz Feindfeuer - das langersehnte warme Essen, das in der Hauptkampflinie freudig in Empfang genommen wird.

In spite of the heavy enemy fire, German mess personnel bring the warm food to the front lines, something every soldier has longed for.

Nach der verlorenen Schlacht um Kursk war die Initiative endgültig an die Rote Armee übergegangen. Im Sommer und Herbst 1943 traten die Sowjets mit großer Übermacht zu ihren Offensiven an. Die beweglichen Verbände der Waffen–SS wurden immer wieder als „Feuerwehr" bei den harten Abwehrkämpfen in die Schlacht geworfen.

After the battle of Kursk was lost, the Red Army at long last took the initiative. During the summer and autumn of 1943 the Soviets began their offensives with superior forces. The movable units of the Waffen-SS were always used where they were needed most during heavy defensive battles.

Örtliche Gegenangriffe konnten immer nur für kurze Zeit Entlastung bringen.
Local counterattacks brought relief for only a short time.

An der Front vor Leningrad: Psychologische Kriegsführung mit der „Flüstertüte". Die Sowjets liegen nur 40 Meter entfernt.

At the front before Leningrad: psychological warfare with the megaphone. The Russian positions are only 40 metres away.

B-Stelle vor Leningrad.

Observation post before Leningrad.

Grabenstellung im Sumpfwald des Wolchow.
Trenches in the marshland of the Wolchow.

Schwieriger Munitionsnachschub über Knüppeldamm.
Difficult ammunition supply over a corduroy road.

Narwa Front: Im Hauptkampffeld des Brückenkopfes von Narwa. Das Gelände lag im Augenblick der Aufnahme unter sowjetischem Granatwerferfeuer. Die Verteidiger des Brückenkopfes sind zum größten Teil germanische Freiwillige der SS-Verbände, Esten, Dänen, Niederländer, Norweger und Volksdeutsche aus dem Banat und Siebenbürgen.

Narwa front: The main battle field of the bridgehead of Narwa. While this photograph was taken this area was under Soviet mortar fire. The defenders of this bridgehead are mainly Germanic volunteers of the SS-units from Ethonia, Denmark, Holland, Norway and ethnic Germans from Banat und Transylvania.

„Hier fiel der in Russische Militär Dienste gezwungene Volksdeutsche Gerhard Harder. Nach seiner Gefangennahme kämpfte er in den Reihen der Waffen-SS.

„Here the ethnic German Gerhard Harder, who was forced into Russian Military Service, was killed. After he was taken prisoner he served with the Waffen-SS."

Meldestelle für französische Freiwillige der Waffen-SS.

Reporting post for French volunteers of the Waffen-SS.

Meldestelle der Legion „Estland".

Reporting post of the legion „Estland".

Norwegischer Wegweiser wenige Kilometer vor Leningrad: „Weit ist der Weg zurück ins Heimatland".

Norwegian signpost a few miles from Leningrad: „A long way to get home".

Niederländer, Norweger und finnische Lottas - alle als Freiwillige bei der Waffen-SS.
Dutch, Norwegian and Finnish „Lottas" - they all are volunteers of the Waffen-SS.

Die Fahne des Freikorps „Danmark".

The flag of the volunteer corps „Danmark".

Grab des Kommandeurs des Freikorps „Dänemark" Obersturmbannführer Graf von Schalburg.

The grave of the commander of the volunteer corps „Dänemark" Obersturmbannführer Graf von Schalburg.

In Finnland steht in Karelien die SS-Division „Nord" in schweren Abwehrkämpfen. Der finnische General Malmberg mit Divisionskommandeur Kleinheisterkamp.

In Karelia in Finland the SS-division „Nord" is involved in heavy defensive fighting. The Finnish General Malmberg together with the division commander Kleinheisterberg.

Russische Panzer branden in ständig größerer Zahl gegen die deutschen Abwehrstellungen. Dabei gewinnen die schweren panzerbrechenden Waffen immer mehr Bedeutung. (Links: Sturmgeschütz, rechts: 7,5 cm Pak).

An ever increasing number of Russian tanks continues the attacks on German defensive position. The heavy and armor-piercing weapons are becoming increasingly important. (On the left: self-propelled assault-gun, on the right: 75 mm anti-tank gun)

Dort, wo „Tiger" eingesetzt werden können, bringen sie auch vorübergehend Entlastung. Auf Grund seiner Panzerung und Bewaffnung ist er allen Kampfwagen der Sowjets überlegen.

Whereever „Tiger" tanks can be used, they bring temporary relief. Because of its armor-plating. and its armament it is superior to all Russian armored vehicles.

DER WINTER 1943/44 IM OSTEN — THE WINTER 1943/44 IN THE EAST

Schon vor dem Einbruch des dritten Rußlandwinters war die Initiative im Osten längst auf die Rote Armee übergegangen. Die deutsche Panzertruppe konnte sich nach dem gescheiterten Unternehmen „Zitadelle" nicht wieder von den schweren Verlusten erholen. Die Herbst-Offensiven der Russen hatten zwar Abwehrerfolge gebracht, doch gewaltige Gebiete mußten aufgegeben werden. Die Front zwischen Donez und Dnjepr war zusammengebrochen, die Naht zwischen Heeresgruppe Mitte und Süd gerissen. Nur mit Mühe konnte die Front in der „Panther-Stellung" gehalten werden. Es fehlte an Reserven, Kriegsgerät und Munition. Die Divisionen der Waffen-SS stehen während des gesamten Winters überall im Osten in einem verzweifelten Abwehrkampf. Am 3. Januar erreichen die Sowjets die polnische Grenze, der Kampf im Tscherkassy-Kessel und der Ausbruch bringen den beteiligten Einheiten der Waffen-SS besonders hohe Verluste, ebenso wie bei der Abwehr russischer Angriffe westlich Kirowograd und bei den Rückzugskämpfen zum Bug. Auch im Norden der Ostfront müssen sich die Divisionen nach 900 Tagen schweren Kampfes zu Beginn des Jahres 1944 bis hinter Pleskau zurückziehen. Bei Kamenez-Podolsk gelingt zu Ende dieses schweren Winters der 1. Pz. Armee der Ausbruch aus dem Kessel gegen weit überlegenen Feind.

Alle im Osten eingesetzten SS-Divisionen stehen in diesem dritten Rußlandwinter in schweren Abwehrkämpfen. Immer wieder muß - oft gegen Hitlers Befehl - die Front zurückgenommen werden.

During this third winter in Russia all the SS-divisions fighting in the east are involved in heavy defensive battles. Time and again the front-line has to retreat - often against Hitler's orders.

Zwei Brennpunkte der Abwehrschlacht: Kowel und Tscherkassy. Hier wie dort haben die „Wikinger" unter Führung von Herbert O. Gille entscheidenden Anteil. Den Kessel von Kowel brachen die Panzer der „Wiking" von außen auf, beim Tscherkassy-Kessel gelang durch ihren Einsatz der - wenn auch verlustreiche - Ausbruch.

Two centers of the defensive battle: Kowel and Tscherkassy. In both places the „Wiking"-division under the command of Herbert O. Gille takes an important part.
The Kowel pocket was broken into by tanks of the SS-division „Wiking" from the outside, the Tscherkassy battle of encirclement, involving heavy losses, was won through their engagement from the inside.

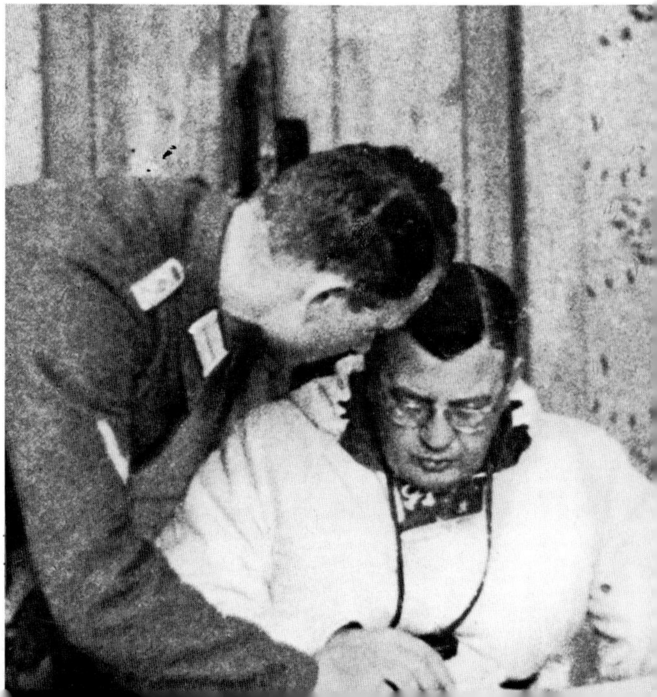

SS-Gruppenführer von dem Bach, der zunächst die in Kowel eingeschlossenen Verbände führte.

SS-Gruppenführer von dem Bach, who for a time led the encircled units in Kowel.

Versorgung des Kessels aus der Luft.

Supply to the encircled troops by air.

Russisches Flugblatt mit der Aufforderung zur Übergabe.

Russian fliers demanding surrender.

Der am 16. März in den Kessel eingeflogene SS-Gruppenführer Herbert O. Gille wurde zum Initiator des Widerstandes. Er wurde als erster Soldat der Waffen-SS mit dem Brillanten zum Ritterkreuz ausgezeichnet.

SS-Gruppenführer Herbert O. Gille, flown into the pocket on 16th March, became the initiator of the resistance. He was the first soldier of the Waffen-SS to be awarded the Ritterkreuz with diamond.

Die Ausbrüche aus den Kesseln Kowel und Tscherkassy gehörten mit zu den schwersten Einsätzen der SS-Division „Wiking".

The break-outs from the Kowel and Tscherkassy pockets were among the hardest engagements of the SS-division „Wiking" ever.

Pak und Selbstfahrlafetten-Artillerie sichern die Flanken beim Ausbruch aus dem Kessel.
Anti-tank guns and self-propelled field artillery protect the flanks during the break-out.

Die „Panther" des Panzer-Regiments „Wiking" hatten entscheidenden Anteil an den Abwehrerfolgen der Division.

„Panther"-tanks of the „Wiking" tank regiment take a decisive part in the successful defensive actions of the division.

„Panther" der „Wiking" im Kampf ostwärts Warschau.

„Panther"-tanks of the SS-division „Wiking" fighting east of Warsaw.

In einer Kampfpause zwischen den Einsätzen. Links: Der Führer einer „Panther"-Einheit meldet Gruppenführer Gille. Rechts: Der Kommandeur des Panzer-Regiments H. Mühlenkamp.

A break between the operations. On the left: The commander of a „Panther"-tank unit reports to Gruppenführer Gille. On the right: The commander of a tank-regiment: H. Mühlenkamp.

Der Friedhof der SS-Division „Wiking" in Uspenskaja. Vor der Räumung des Kampfabschnittes werden die Grabtafeln entfernt . . .

The cemetry of the SS-division „Wiking" in Uspenskaja. Before this battle field is cleared, all grave plaques are removed . . .

Die schweren Rückzugskämpfe im Sommer/Herbst 1944.
Heavy withdrawal battles in the summer and autumn of 1944.

Die überwältigende Übermacht der Sowjets an Menschen und Material erzwingen immer neue Rückzugsbewegungen auf oft unvorbereitete Stellungen.
Die Last des Kampfes ruhte wieder einmal auf den Schultern der Grenadiere.

The overwhelming Russian superiority of men and material always demands new withdrawals often into unprepared positions.
Again the burden of the fighting is carried by the infantrymen.

Der Russe ist in eine Ortschaft eingedrungen. Grenadiere der Waffen-SS treten zum Gegenstoß an.
Russians have entered a village. The infantry of the Waffen-SS launch the counterthrust.

Schweres russisches Abwehrfeuer nagelt die Grenadiere buchstäblich an dem Boden fest.
Heavy Russian defensive fire literally keeps the infantrymen stuck to the spot.

Abgeschossene russische Panzer unmittelbar vor der HKL geben Zeugnis von der Härte der Abwehrkämpfe.

Destroyed Russian tanks immediately before the forward line of attack illustrate the harshness of the defensive fighting.

In einer eben bezogenen Grabenstellung.
A trench-position, just taken up.

Scharfschütze mit Zielfernrohr-Gewehr.
A sharp-shooter with his telescopic sight gun.

Feuernder leichter Granatwerfer.
Firing light trench mortar.

Funkstelle auf einem Gefechtsstand.
Radio station in a command post.

Standartenführer Hermann Fegelein - später Hitlers Schwager und am 29. April 1945 hingerichtet - Kommandeur der SS-Kavallerie-Brigade hier im Gespräch mit Brigadeführer Wilhelm Bittrich.

Standartenführer Hermann Fegelein - later Hitler's brother-in-law and executed on 29th April 1945 - the commander of the SS-cavalry brigade seen here talking to Brigadeführer Wilhelm Bittrich.

Radfahrer-Schwadron der SS-Kavallerie-Brigade.

Bicycle squadron of the SS-cavalry brigade.

SS-Kavallerie im Einsatz.
SS-cavalry in action.

Im Süden der Ostfront werden die deutschen Verbände, darunter Teile der angeschlagenen SS-Divisionen „Totenkopf" und „Frundsberg" nach Rumänien abgedrängt.

In the south of the eastern front German units, among them parts of the depleted SS-division „Totenkopf" and „Frundsberg", are driven back into Rumania.

Neue russische Waffen tauchen auf. Hier der verbesserte T-34 mit langem Rohr.
New Russian weapons appear: Here the much improved T-34 tank with a long barrel.

Gefechtsstand in Deckung eines abgeschossenen T-34.
A command post in cover of a destroyed T-34 tank.

Auch auf deutscher Seite werden neue Waffen eingesetzt. Grenadiere mit Sturm-Karabiner 44.

The Germans, too, use new weapons. Infantrymen with assault carabine gun 44.

Der neue schnelle Panzerjäger „Hetzer" - (Division „Florian Geyer") - eine von den Russen besonders gefürchtete Waffe, die zu spät und in zu geringer Stückzahl der Front geliefert wurde.

An insufficient number of the fast new anti-tank „Hetzer" (division „Florian Geyer"), especially feared by the Russians, was delivered to the front too late.

Der durch die Befreiung Mussolinis bekanntgewordene Sturmbannführer Otto Skorzeny besetzt im Handstreich die Burg von Budapest und verzögert damit den Abfall Ungarns von der Achse.

Sturmbannführer Otto Skorzeny, who became well-known when he liberated Mussolini, occupies the castle of Budapest in a surprise raid so delaying Hungary's secession from the Axis.

Die schweren Abwehrkämpfe in Ungarn, an denen Teile der Waffen-SS maßgeblich beteiligt waren, ziehen sich bis ins Frühjahr 1945 hin.

Heavy defensive battles in Hungary, in which elements of the Waffen-SS were greatly involved, continue until the spring of 1945.

Im Bergland Jugoslawiens stehen die Einheiten der SS-Gebirgsdivision „Prinz Eugen", unterstützt von landeseigenen Verbänden in hartem, verlustreichem Kampf gegen die Partisanen Titos.

In the hilly country of Yugoslavia units of the SS-mountain division „Prinz Eugen" supported by Yugoslav and Croat units are fighting heavy battles, involving many losses, against Tito's partisans.

Sie alle stehen seit Wochen in härtestem Einsatz: Obergruppenführer Artur Phleps, gefallen am 21. September 1944 in Siebenbürgen als kommandierender General des V. SS-Gebirgs-Korps . . .

For many weeks all of them have been fighting: Obergruppenführer Artur Phleps, who was killed on 21st September 1944 in Transylvania as the commanding general of the V. SS-Mountain-Corps . . .

. . . Standartenführer Otto Krumm, Kommandeur der 7. SS-Division „Prinz Eugen" . . .

. . . Standartenführer Otto Krumm, commander of the 7th SS-division „Prinz Eugen" . . .

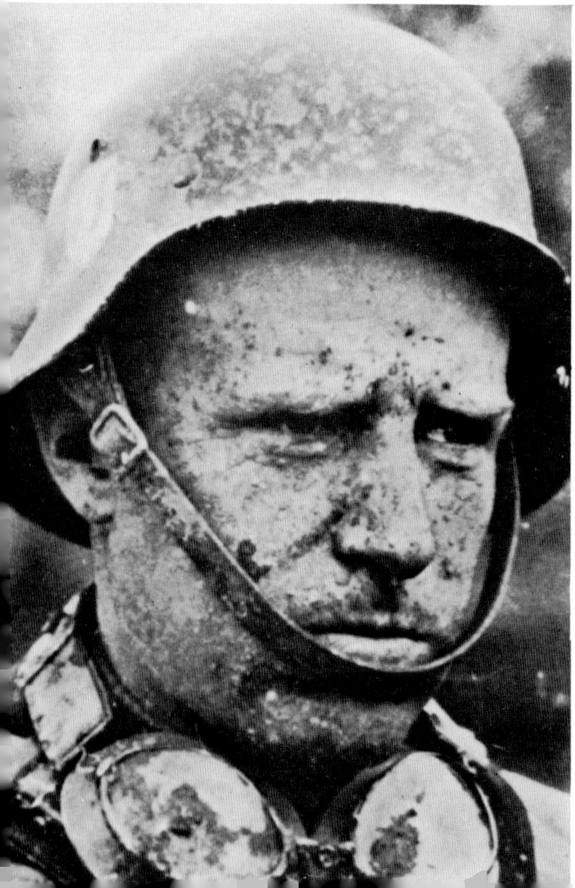

. . . und ein unbekannter Krad-Melder der „Prinz Eugen".

. . . and an unknown motor-cycle messenger of the „Prinz-Eugen"-division.

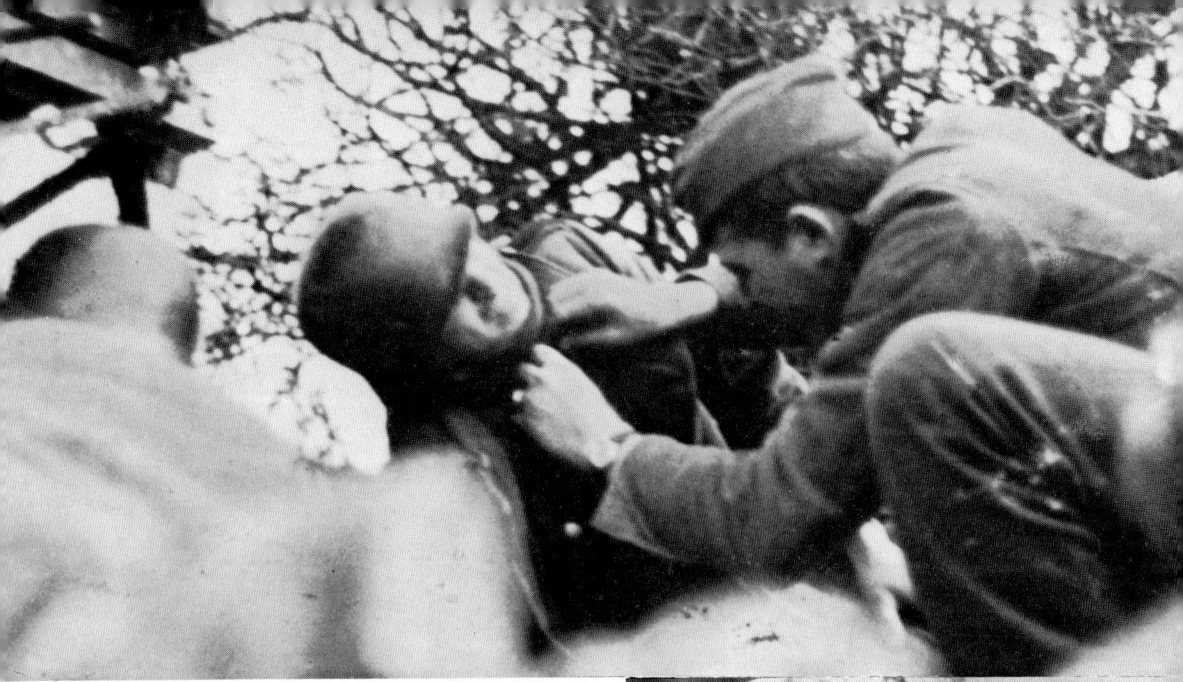

Bergung eines Verwundeten im feindlichen Feuer.

The rescue of an injured soldier under enemy fire.

Abwehrstellungen im Karst.

Defense position in the mountains.

Mit Mulis im Hochgebirge und französischem Beutepanzer im Kampf gegen Titos Partisanen.
In the high mountains: with hinnies and captured French tanks against Tito's partisans.

Während an den Fronten die verlustreichen Kämpfe weitergingen, wurden in den Ersatz-Bataillonen der Waffen-SS die jungen Freiwilligen einer harten Grundausbildung unterzogen.

While battles involving heavy losses continued on all fronts, young volunteers of all reserve battalions of the Waffen-SS were drilled in a hard basic military training.

Posten vor der Kaserne der „Leibstandarte" in Berlin-Lichterfelde.
Sentries in front of the barracks of the „Leibstandarte" in Berlin-Lichterfelde.

Ehrenwache der LAH im Hof der Reichskanzlei.
Guard of honor of the LAH in the courtyard of the Chancellory.

An den SS-Junkerschulen in Bad Tölz (Bild) und Braunschweig ging die Ausbildung des Führernachwuchses weiter.
Germanische Freiwillige am Sandkasten.

At the SS-cadet accademies in Bad Tölz (photo) and Brunswick the training of the rising officer generation continues.
German volunteers at the sand-pit.

Im August 1942 wird die Division „Leibstandarte" aus Rußland abgezogen und als Eingreifreserve hinter den Atlantikwall verlegt. Eine spektakuläre Parade auf der Champs Elysees sollte Freund und Feind auf diese Tatsache hinweisen.

Bild unten: Von links Sepp Dietrich, GFM von Rundstedt, Obergruppenführer Hausser.

In August 1942 the division „Leibstandarte" was withdrawn from Russia and transferred to the Atlantik wall as a reserve troop.

A spectacular parade on the Champs Elysees to draw attention of both friend and enemy of this fact.

Photo below: From the left: Sepp Dietrich, GFM von Rundstedt, Obergruppenführer Hausser.

Bei dem englischen Landungsversuch bei Dieppe wurde die LAH nicht eingesetzt. Sepp Dietrich als Panzerspezialist wurde jedoch zur Begutachtung der erbeuteten Cromwell-Panzer herangezogen.

Unteres Bild von links: Minister Speer, General d. Pz. Tr. Kuntzen, Sturmbannführer R. Lehmann, Sepp Dietrich.

When English troops tried to land near Dieppe the LAH was not used. Sepp Dietrich as a tank expert was asked to give his opinion on captured Cromwell-tanks.

Photo below, from the left: Minister Speer, General d. Pz. Tr. Kuntzen, Sturmbannführer R. Lehmann, Sepp Dietrich.

Ab Frühjahr 1943 wurde im Westen die 12. SS-Panzer-Division „Hitler-Jugend" neu aufgestellt. Bild oben: Panzer IV, II. SS-Pz. Rgt. 12 in Holland. Unten: Flammenwerfer-Spw.

In the spring of 1943 the 12th SS-armored division „Hitler-Jugend" was newly formed in the west.
Photo above: tanks IV, II. SS-Pz. Rgt. 12 in Holland. Photo below: flame-thrower-Scout car.

GFM von Rundstedt überzeugt sich vom hohen Ausbildungsstand der jungen Panzergrenadiere der HJ-Division. (Durchschnittsalter aller Dienstgrade unter 21 Jahren.)

GFM von Rundstedt sees for himself the high standard of training of the young infantrymen of the „HJ"-division. (Average age of all ranks under 21 years.)

Von links: Witt, Dietrich, „Panzermeyer", Rundstedt.

From the left: Witt, Dietrich, „Panzermeyer", Rundstedt.

DIE INVASION 1944 OPERATION OVERLORD

Als am 6. Juni 1944 die anglo-amerikanischen Streitkräfte im Schutz einer gewaltigen Armada und unter dem Schirm überlegener Luftflotten das größte Landeunternehmen der Kriegsgeschichte einleiteten, stand die SS-Division „Hitlerjugend" sofort, die aus Rußland abgezogenen LAH (Korps), Teile von „Das Reich", sowie „Götz von Berlichingen", „Frundsberg" und „Hohenstauffen" wenig später im Schwerpunkt der Kämpfe. Der Gegner mußte, nachdem es ihm gelungen war, seine Landeköpfe zu erweitern, seine ganze Luftüberlegenheit einsetzen, um gerade diese Divisionen an der Entfaltung ihrer Kampfkraft zu hindern. Ständige schwere Bombardements, unablässige Jabo-Angriffe und die sich täglich über See verstärkenden alliierten Landstreitkräfte banden die Verteidiger des imaginären Atlantikwalles, konnten aber nicht verhindern, daß gerade die SS-Divisionen immer wieder schwere Schläge gegen die gelandeten Verbände führten. Selbst hart getroffen, hohe Verluste an Menschen und Material erleidend, kämpften „Hitlerjugend", LAH und „Das Reich" „bewunderungswürdig", wie später englische und amerikanische Dienststellen berichteten. Doch auch die als „Korsettstangen" in die deutschen Verteidigungsverbände eingezogenen Divisionen der Waffen-SS konnten den Ausbruch der Alliierten aus dem Raum um Caen in die Weite Frankreichs nicht verhindern. Die falsche Konzeption der deutschen Verteidigung und die gewaltige Luftüberlegenheit des Gegners ließen den Divisionen der Waffen-SS nur übrig, sich mit aller Kraft und Entschlossenheit immer wieder neu dem übermächtigen Gegner zu stellen. Daß dies im tapferen soldatischen Einsatz geschah, dafür stehen Respekt und Anerkennung, die der Gegner von damals den Männern der Waffen-SS nicht verweigert. Daran ändern auch nichts die tragischen Vorgänge und Irrtümer, die im Malmedy-Prozess später eine ebenso tragische Beurteilung erfuhren.

Die Ardennen-Offensive im Dezember 1944 scheiterte, weil sie es vom operativen Standpunkt her zwangsläufig mußte. Der Endkampf im Reich begann.

Einheiten der HJ-Division bei Bereitstellung zum Gegenangriff im Raum Caen.
Units of the „HJ"-division in deployment for a counterattack near Caen.

Die jungen Grenadiere der HJ-Division können erst nach schwerstem Luftbombardement und massiven feindlichen Angriffen aus den Stellungen, die sie wochenlang zäh und tapfer verteidigten, geworfen werden.

After extremely heavy bombardment and attacks by the enemy the young infantrymen of the „HJ"-division were thrown out of their positions, which they had doggedly and bravely kept for weeks.

Die eingeebneten Straßenzüge um die Kathedrale von Rouen geben Zeugnis von der Schwere der anglo-amerikanischen Luftangriffe.

The flattened streets around the cathedral of Rouen prove the severity of the Anglo-American air raids.

Die Korps-Tiger-Abt. der LAH steht im Brennpunkt der Abwehrschlacht südlich von Caen. Am 8. August 1944 fällt hier der erfolgreichste Panzerkommandant des 2. Weltkrieges, Hauptsturmführer Michel Wittmann, Gesamtabschußzahl: 138 Panzer und 132 Pak.
Wittmann und sein Richtschütze Balthasar Woll.

The Corps-Tiger-Abt. of the LAH in the center of the defensive battles south of Caen. Here the most successful tank-commander of the Second World War, who was killed on 8th August 1944, Hauptsturmführer M. Wittmann, total kills: 138 tanks and 132 anti-tank guns.
Michel Wittmann with his gunner Balthasar Woll.

„Panther" der Waffen-SS auf dem Weg zur Invasionsfront im Marsch durch Paris.
„Panther"-tanks of the Waffen-SS marching through Paris on their way to the invasion front.

Abgeschossene Sherman-Panzer in den Straßen von Falaise.

Destroyed Sherman-tanks in the streets of Falaise.

Deckung und Tarnung gegen Fliegersicht ist Trumpf.

Cover and camouflage against combat planes are trumps.

Wieder einmal haben die Jabos eine Nachschubkolonne in Brand geschossen.

Once again combat planes have set a supply column on fire.

Geheime Kommandosache

Chefsache

Nur durch Offizier

6 Ausf.

6. Ausf.

1.7.44	Heeresgruppe B	KR-Blitz	Im Stabe:
18.35	nachr.: Lfl.Kdo. 3	KR	IaF
	" O.Qu.West	KR	Ic
			V.O.Pz.
			KTB
			Ia (Entw.)

Bezug: 1) Ob.West röm.1a Nr. 504/44 g.Kdos.Ch. vom 1.7.44

2) An H.Gru.B u. Lfl.3 mit Ob.West röm.1a Nr.505/44 g.K.Ch. vom 1.7.44

3) OKW/WFSt/Op.(H)/West (gez.Jodl.)Nr.772243/44 g.K.Ch.v.1.7.44

" Der Führer hat entschieden :

Die augenblicklichen Stellungen sind zu halten. Durch zähe Verteidigung oder durch örtliche Gegenangriffe ist jeder weitere feindliche Durchbruch zu verhindern. Der Aufmarsch ist fortzusetzen, weitere schnelle Verbände durch herankommende Inf.Divn. freizumachen. Näherer Befehl folgt. "

Zusatz Ob.West :

Absetzbewegungen sind nicht durchzuführen.

Der Oberbefehlshaber West

Generalfeldmarschall

röm.1a Nr. 509/44 g.Kdos.Ch.

Ein „Führerbefehl", der in dieser Situation für sich spricht: „Halten um jeden Preis!"

A „Führer's order" which tells its own tale: „Hold out at all costs!"

Kampfgruppenkommandeur Sturmbannführer K. H. Prinz bei der Vorbereitung eines Gegenstoßes im Raum Caen.

Combat group commander Sturmbannführer K. H. Prinz preparing a counterthrust near Caen.

Obersturmbannführer Max Wünsche, Kdr. SS-Panzer-Regiment 12 „HJ" in seinem Befehlspanzer.

Obersturmbannführer Max Wünsche, Kdr. SS-tank-regiment 12 „HJ" in his command tank.

SS-Obergruppenführer Sepp Dietrich bei der letzten Besprechung mit GFM Rommel kurz vor dessen Verwundung.

SS-Obergruppenführer Sepp Dietrich at his last meeting with GFM Rommel, who was wounded soon after.

SS-Obergruppenführer Paul Hausser bei einer Besprechung mit Fallschirmjäger-General Meindl (links).

SS-Obergruppenführer Paul Hausser in a conference with paratrooper-general Meindl (on the left).

Dezember 1944 - die Ardennen-Offensive. Der letzte Versuch im Westen noch einmal die Initiative zu ergreifen.

December 1944: The offensive in the Ardennes: It is the last attempt to take the initiative once again in the west.

Ardennen-Offensive. Sturmgeschütze rollen nach vorn. Tage später ist das Unternehmen gescheitert. . .

The Ardennes offensive. Self-propelled assault guns advance. The operation failed to be a success a few days later . . .

DER WINTER 1944/45

Der letzte Kriegswinter war gekommen. Schon im Spätherbst war Ostpreußen Kriegsgebiet geworden, und wenn sich auch die Lage im Dezember 1944 etwas zu stabilisieren schien, täuschte sie doch niemand darüber hinweg, daß die Rote Armee nur eine Atempause einlegte. Frontverkürzungen lehnte Hitler ab; er wollte jeden Quadratmeter Bodens verteidigt wissen. Dies traf für die ganze, überdehnte deutsche Front im Osten zu, die sich von der Kurischen Nehrung durch Polen bis zu den Karpathen über eine Länge von 1.200 km zog. Am 12. Januar 1945 begann die sowjetische Offensive. Um 1.30 Uhr feuerten 32.000 russische Geschütze aller Kaliber fünf Stunden lang auf die Stellungen der deutschen Divisionen im Baranow-Brückenkopf. Die 34 russischen Schützen- und 8 Panzer-Divisionen überrollten die dünne deutsche Front und stürmten in Richtung Oder und nach Norden in Richtung Graudenz - Danzig vor.

Am 19. Januar überschritten die Sowjets die Grenze Schlesiens. Der Weg nach Deutschland lag offen vor der Roten Armee, so sehr sich auch gerade die Einheiten der Waffen-SS neben den Verbänden des Heeres gegen die Flut stemmten.

Im Westen hatten die alliierten Streitkräfte nach der gescheiterten deutschen Ardennen-Offensive den Rheinübergang vollzogen und drangen in Richtung Osten voran. Die Agonie des Reiches begann.

Im Norden der Ostfront. Ein Spähtrupp tastet sich zu den russischen Stellungen vor.

In the northern sector of the east front. A reconnaissance troop gropes its way to the Russian positions.

Allen steht jetzt die Härte der Kämpfe und die Erschöpfung im Gesicht geschrieben.
Links: Obersturmbannführer Hans Dorr, Kdr. SS-Pz. Grenadier Rgt. 9 „Germania" in der 5. SS-Pz. Division „Wiking". Dorr fiel im April 1945 in Österreich.

The harshness of the battles and exhaustion is written on everyone's face:
On the right: Obersturmbannführer Hans Dorr, Kdr. SS-Pz. Grenadier Rgt. 9 „Germania" in the 5th SS-Pz. division „Wiking". Dorr was killed in Austria in April 1945.

SS-Grenadiere müssen die angreifenden russischen Panzer durch ihre Verteidigungslinien fahren lassen, weil panzerbrechende Waffen oft nicht verfügbar sind. Wo Pak und Flak eingesetzt werden können erleiden die Sowjets hohe Panzerausfälle.

SS-infantrymen have to let the attacking Russian tanks through their own defensive lines, because their armor-piercing weapons often are not available. But where anti-tank and anti-aircraft guns are used, the Soviets suffer heavy losses.

„Hummeln" sind an der Front eingetroffen und können an bedrohten Frontabschnitten schnell Entlastung bringen.

„Hummeln" („bumble-bees")-tanks have arrived at the front and quickly bring relief to threatened front sectors.

Bereitstellung zu einem Gegenstoß im Mittelabschnitt der Ostfront.

Concentration for a counterthrust in the middle sector of the east front.

Die Grenadiere sind gegen die unablässig anrollenden russischen Angriffe ständig im Einsatz. Ihnen bleibt keine Pause mehr.

The infantrymen are continously in action against Russian tanks which attack incessantly. No break for them.

Grenadiere vom Rgt. „Der Führer" haben sich vom Feind gelöst und erwarten die nachstoßenden Sowjets.

Infantrymen of the regiment „Der Führer" have broken free of the enemy and await the pursuing Soviets.

Während dieser Wochen des Rückzugs sind hastig aufgeworfene Schneewälle oft die einzigen Befestigungen.

During these weeks of retreat hastily thrown up snow walls are often the only fortifications.

Bei einer SS-Kav. Division wird ein Gegenstoß besprochen, der wenigstens für einige Tage der schwer ringenden Front Entlastung bringen soll.

A SS-cavalry-division discusses a counterthrust, which is supposed to bring relief at least for some days to the front which is retreating all the time.

Die Munition, vor allem für die schweren Waffen, ist längst rationiert. Es darf nur noch im äußersten Notfall und auf ausdrücklichen Befehl geschossen werden.

Ammunition has been rationed long since. Shooting is only allowed in states of extreme emergency or on explicit orders.

Scharfschütze bekämpft im Norden der Front durchsickernde russische Spähtrupps

A sniper fighting against infiltrating Russian reconnaissance troops in the northern sector of the front.

Dann heißt es wieder: Zurück! Die Bataillone sind zusammengeschmolzen. Die Grenadiere haben längst keine Illusion mehr.

And then the order is again: Retreat. The battalions have shrunk. Long since the infantrymen have lost their illusions.

Irgendwo im Mittelabschnitt auf polnischem Gebiet. In den tiefgefrorenen Boden wurden flache Löcher gegraben. Die Grenadiere halten Ausschau. Bald werden die ersten Rotarmisten der Sowjets auftauchen.

Somewhere in the middle sector on Polish ground. Shallow holes were dug in the hard frozen earth. The infantrymen are on the look-out. Soon the first soldiers of the Red Army will appear . . .

. . . dann wieder Kampf und vor der erdrückenden Übermacht wieder Rückzug.

. . . and then fighting again and retreating from an overwhelming superior force.

DER ENDKAMPF IM REICH — FINAL BATTLE IN THE REICH

Am 12. Januar 1945 trat die Rote Armee zum letzten, entscheidenden Angriff gegen das Reichsgebiet an. Aus dem großen Weichselbogen heraus stießen die russischen Armeen gegen die geschwächten und erschöpften Verbände vor; sie zerschlugen die dünne Hauptkampflinie noch am ersten Tag und drangen weit in das Hinterland ein. Die Verbände der Waffen-SS wehrten sich wie die Divisionen des Heeres gegen die russische Übermacht mit letztem Einsatzwillen. Unentwegt angegriffen, auseinandergerissen und versprengt, fanden sich immer wieder Kampfgruppen zusammen, um stellenweise entschlossenen Widerstand zu leisten. Ständige Rückzugskämpfe, hohe Verluste, die Gefahr, eingekesselt zu werden, jeglicher Mangel an Munition und Verpflegung und das Bewußtsein, einem übermächtig gewordenen Gegner hoffnungslos unterlegen zu sein, kennzeichneten diese letzten Wochen und Monate des Krieges. Bilder aus jener Zeit sind nur wenige vorhanden. Wer dachte in dieser Hölle des Endkampfes daran, zu fotografieren. In Ungarn wie im jugoslawischen Raum, während des letzten Aufbäumens in der Ardennenoffensive im Westen, beim Kampf in Ostpreußen, Pommern und Brandenburg, wie bei dem verbissenen Ringen um Schlesien und nicht zuletzt in Berlin und Wien: Die Soldaten der Waffen-SS standen im Rahmen ihrer Divisionen oder Kampfverbände bis zuletzt ihren Mann. Mancher Flüchtling aus dem Osten verdankt den Einheiten der Waffen-SS, daß ihm die Flucht vor der Roten Armee gelang. Zusammen mit den Soldaten des Heeres, gebunden an den Eid, verdammt, den aussichtslosen Kampf bis zum bitteren Ende führen zu müssen, erlebten die SS-Männer die Apokalypse des Endkampfes. Viele von ihnen fielen während der letzten Kämpfe, viele wurden nach der Gefangennahme erschossen. Auf die anderen, die überlebten, warteten die schwersten, härtesten Strafen der Sieger. In Unkenntnis der Zusammenhänge glaubte er, pauschal urteilen zu können. Für die Sieger war zwischen den Sonderverbänden, dem Sicherheitsdienst (SD) und dem kämpfenden Soldaten der Waffen-SS kein Unterschied. Erst viele Jahre später war man bereit, auch den Männern der Waffen-SS das zuzubilligen, auf was jeder tapfer und ohne Schande kämpfende Soldat Anspruch hat.

Nach dem russischen Panzerangriff, der abgeschlagen werden konnte, erwarten die Männer an der 8,8 cm Flak neue sowjetische Vorstöße.

After the Russian armored attack was pushed back, the men at the 88 mm antiaircraft artillery gun expect new Soviet advances.

Rückzug durch Polen. An einem von der Brücke gerutschten Sherman-Panzer vorbei, verläßt der letzte SPW das Dorf, das jetzt der nachdrängenden Roten Armee überlassen werden muß.

Retreat through Poland. The Red Army is pursuing eagerly. The last armored car leaving the village which will soon be taken over by the Russiansis passing a tank, which has skidded from the bridge.

In Ungarn: Im Feuergefecht mit angreifenden sowjetischen Panzern. Verbände der Waffen-SS stehen besonders am Plattensee und um Budapest in schweren Kämpfen. In Gegenangriffen gelingt es teilweise, die Sowjets für kurze Zeit zurückzudrängen.

In Hungary: In exchange of fire against attacking Soviet tanks. Units of the Waffen-SS are involved in heavy battles, especially near the Plattensee and Budapest. By counterattacking they manage partly to push the Soviets back for a short time.

„Mit der Straßenbahn in die Hauptkampflinie." Am Stadtrand von Budapest steht die Rote Armee. Die Grenadiere können mit der Strassenbahn in die Hauptkampflinie fahren.

By tram to the front. The Red Army is in the outskirts of Budapest. The infantrymen can take the tram to the front.

Verzweifelter Widerstand an allen Fronten. Immer wieder treten die Grenadiere zu Gegenstößen an, um Entlastung zu schaffen bis sie sich - umgangen oder der Übermacht weichend - in neue, rückwärtige Stellungen zurückziehen müssen.

Desperate resistance on all fronts. Time and again the infantry undertake counterthrusts to bring relief, until they have to withdraw to new rearward positions - encircled or yielding to the superior forces.

Im baltischen Kampfraum. Nach schweren Luftangriffen sind die Sowjets zum Angriff vorgestoßen. Im Straßenkampf abgeschossener schwerer sowjetischer Panzer an dem vorbei Grenadiere der Waffen-SS zum Gegenstoß antreten.

In the Baltic battle area. After heavy air raids Russian tanks have thrust forward to attack. A T-34 tank destroyed during street fighting and infantrymen who form to counterattack.

Obersturmbannführer Degrelle in einer Kampfpause während der Rückzugskämpfe auf die Reichsgrenze.

Obersturmbannführer Degrelle during the retreat of his division to the border of the Reich.

Jeder Tropfen Benzin muß her, damit die Fahrzeuge nicht liegen bleiben. Kraftstoff, Munition und Verpflegung - alles ist zur Rarität geworden.

Every drop of petrol is needed to keep the vehicles going. Fuel, ammunition and provisions - everything has run short.

Im Osten hat die Rote Armee die Reichsgrenze überschritten. Hastig ausgeworfene Verteidigungsstellung am Rand einer niederschlesischen Stadt.

In the east the Red Army has crossed the border of the Reich. Quickly dug defensive positions on the outskirts of a town in Lower-Silesia.

Da schwere Waffen fehlen, gehen die Grenadiere mit Haftladungen gegen die russischen Kampfwagen vor.

As heavy weapons are lacking, the infantrymen are fighting with ,,Haftladungen" against Russian armored cars.

Leichtverwundete bleiben vorn bei ihrer Einheit. Jeder Mann wird gebraucht.

Soldiers who are lightly wounded stay at the front with their units. Every man is needed.

Die monatelangen schweren Abwehrkämpfe haben die Grenadiere bis aufs Äußerste erschöpft. Jede Kampfpause wird genutzt, man schläft in jeder Stellung.

Heavy defensive battles lasting for months now, have exhausted the infantry to the limit. Every break between the battles is used to get some sleep in all possible positions.

Die Melder haben es nicht weniger schwer. Ständig sind russische Flugzeuge in der Luft.

Messengers aren't any better off. All the time Russian combat planes are in the air.

Gegenangriffe, Verteidigung in provisorischen Stellungen, oft im Nahkampf und nur wenig Ruhe. So geht es Tag für Tag, Woche für Woche.

Counterattacks and defence in provisional positions, often in close combat and hardly any rest. So it goes on day by day, week by week.

Nur einhundert Meter liegen die Rotarmisten entfernt und werden auf diese Entfernung mit Gewehrgranaten bekämpft.

The Red Army is only 100 metres away and is being attacked with gun grenades at this distance.

Mit immer neuen Panzer-Rudeln greifen die Sowjets an. Pak im Feuerkampf.

The Soviets assail with new tank platoons. Anti-tank guns are involved in the shooting.

Die in die HKL eingesickerten Sowjets können hier noch einmal geworfen werden. Mit Handgranaten und Sturmgewehr greifen die Grenadiere an.

The Soviet troops at the forward line of attack can again be pushed back. The infantry attacks with hand-granades and automatic rifles.

Festung Küstrin. In der schwer zerstörten Stadt verteidigen Einheiten der Waffen-SS wochenlang die Festung gegen einen weit überlegenen Gegner. Wer hofft noch auf eine Wiederholung des „Wunders von Küstrin" von 1813?

The fortress of Küstrin. Units of the Waffen-SS defend this badly destroyed town for weeks against the far superior opponent. Who still hopes the „Küstrin miracle of 1813" could be repeated?

Die Fronten brechen auseinander. Während in Italien und an anderen Stellen schon der Kampf eingestellt ist, wird in Berlin noch verbissen um jeden Straßenzug gekämpft. Ein sinnloser Kampf, der noch unzählige Opfer auf beiden Seiten fordert.

The fronts fall apart. While the fighting in Italy and other places has already come to an end, every single street in Berlin is bitterly fought for. A senseless battle, still claiming its countless victims on both sides.

Unzählige Soldaten der Waffen-SS liegen in fremder Erde, ihre Gräber sind längst verweht. Viel zu viele auf beiden Seiten starben noch während des Endkampfes im Reich. Die SS-Männer, die den sechsjährigen Krieg überlebten, gingen einem Schicksal entgegen, das nicht weniger hart war . . .

Countless soldiers of the Waffen-SS were buried in foreign soil. Far too many on both sides died during the final battles in the Reich. Those SS-men, who survived this six years' war, faced a destiny which was no less hard . . .

Erschöpft, geschlagen . . . Die letzten Stunden des Krieges.

Exhausted and defeated . . . The last hours of the war.

Gefangenschaft. In Belgien (Bild oben) wie in Tangermünde, wo SS-Brigadeführer Jürgen Wagner seinen Verband den US-Truppen übergibt.

Imprisonment: In Belgium (photo above) and in Tangermünde where SS-Brigadeführer Jürgen Wagner hands his unit over to US-troops.

Ein Bildberichter der Waffen-SS. Ihm und seinen Kameraden verdanken wir die Bilder dieser Dokumentation. Sie fotografierten das unmittelbare Kampfgeschehen in vorderster Linie und griffen, wenn Not am Mann war, selbst zur Waffe . . .

War reporters of the Waffen-SS - we are indebted to them for the photographs. They didn't gad about in the bases and then took pictures of only posed war scenes. If necessary, they even took up arms . . .

. . . deshalb ist auch der Anteil der Gefallenen, Verwundeten und Vermißten aus ihren Reihen ungewöhnlich hoch.

. . . that is why the quota of killed, wounded and persons missing among them is so unusually high.

DIE WAFFEN-SS: EINE BILANZ

von Heinz Höhne

Niemals zuvor haben sich die Soldaten einer Truppe kräftiger in die Tafeln der Kriegsgeschichte eingemeißelt als die Männer der Waffen-SS. Demjansk, Rshew, Ladogasee, Normandie, Ardennen - jeder dieser Namen signalisiert militärische Höchstleistungen einer Truppe, die hüben und drüben einen legendären Ruf genoß, angesiedelt zwischen neidvoller Bewunderung und abergläubischer Furcht. Freund und Feind waren sich einig: In der Waffen-SS kämpfte ein Kriegertum, das von keiner anderen Truppe erreicht oder gar übertroffen wurde. Die Waffen-SS war zu einem Inbegriff soldatischer Standhaftigkeit und Angriffslust ohne Beispiel geworden.

Dennoch ist die Waffen-SS trotz ihrer militärischen Erfolge als die umstrittenste Truppe in die Militärgeschichte eingegangen. Als Waffenträger der nationalsozialistischen Partei konzipiert, durch mannigfache Verstrebungen mit dem Herrschaftsapparat des Reichsführers-SS Heinrich Himmler verbunden, mit manchem Kriegsverbrechen belastet, sahen sich die Soldaten der Waffen-SS nach dem Kriege ihres militärischen Ranges entkleidet, auf eine Stufe gestellt mit den Mordkommandos der SS und dem Wachpersonal der KZ. Diesem Zerrbild hielten die überlebenden Führer der Waffen-SS entgegen, sie seien stets „Soldaten wie andere auch" gewesen. Persönlich haben sie dies sicher so empfunden, die Wirklichkeit sieht freilich komplizierter aus.

Die Waffen-SS war von Himmler im Sommer 1934 als SS-Verfügungstruppe (VT) geschaffen worden, um eine weitere Waffe für die innere Sicherung des NS-Regimes in die Hand zu bekommen. Sie sollte „für besondere innenpolitische Aufgaben" (so eine Anordnung des Reichswehrministers) Hitler zur persönlichen Verfügung stehen - daher ihr Name; sie wurde denn auch bewußt als Gliederung der NSDAP und Formation der SS geführt. Noch 1940 nannte Hitler sie eine „Staatstruppenpolizei . . ., die in jeder Situation befähigt ist, die Autorität des Reiches im Innern zu vertreten und durchzusetzen." Eine solche Truppe ließ sich nicht ohne erfahrene Berufssoldaten aufbauen, die Militärs aber hatten wenig Lust, einer Parteigruppe zu dienen. Himmler mußte daher der VT traditionellere Aufgaben zuweisen, mußte ihr das Image einer militärischen Gardetruppe verleihen, um Militärs für den VT-Dienst zu gewinnen. Das verlockende Bild einer neuen Garde führte vor allem Berufssoldaten mit militärreformerischen Ideen in die Truppe, die aus der VT machten, was in Himmlers Plänen nicht vorgesehen war: Eine militärische Kerntruppe neuen Typs, die sich zwar in Ausbildung und Mentalität von der Wehrmacht abhob, sich dennoch als soldatischen Verband verstand. Mochten auch die auf den SS-Junkerschulen im Hitler-Kult erzogenen jüngeren VT-Führer eine nationalsozialistische Gesinnungstüchtigkeit einschleppen, die Nur-Militärs wie Hausser fremd war - sie alle luden die Verfügungstruppe mit der Dynamik und dem Elitebewußtsein einer Garde auf, die bald ein militärisches Eigenleben führte, fern aller Schwarzen-Korps-Mystik der SS-Führung. Das aber mußte Himmler irritieren, der in der VT immer nur ein politisches Werkzeug gesehen hatte. Zwischen ihm und der Truppe tat sich eine Kluft auf, die allmählich so deutlich wurde, daß der Chef des SS-Hauptamtes ausrief, die VT-Führer hätten „die Maßnahmen des Reichsführers-SS nie verstanden und immer kritisiert."

Der Ausbruch des Zweiten Weltkrieges zerstörte vollends das politische Konzept Himmlers, der Krieg trieb die Verfügungstruppe auf die Schlachtfelder - als soldatischen Kampfverband, als Waffen-SS, wie sich die vergrößerte VT seit 1940 nannte. Aber eben diese Vergrößerung der Truppe offenbarte dann doch, daß sich die Führer der Waffen-SS von Himmler nicht völlig freizumachen vermochten, denn er allein konnte das Mannschaftspotential stellen, das die Wehrmachtsführung der Waffen-SS lange Zeit verweigerte. Sie waren so auf die Ausweitung ihrer Truppe bedacht, daß sie gar nicht merkten, wie sie immer mehr in die Netze des SS-Imperiums gerieten: Sie akzeptierten die Totenkopfverbände der KZ, im bewußten Gegensatz zum Soldatentum erzogen, sie integrierten die Verstärkten Totenkopfstandarten, Träger des politischen Terrors im deutschbesetzten Europa, sie nahmen sogar das Personal von Auschwitz und Kulmhof. Das Einsickern dieser truppenfremden Elemente aber machte die Waffen-SS für viele Arten inhumaner Kriegsführung anfällig.

Erst die Härte und Bitterkeit des Rußland-Krieges zerrissen die Nabelschnur, die die Waffen-SS mit Himmlers Welt, ja mit dem NS-Regime verband. In ihrem Glauben an Hitler unsicher geworden, am Sieg verzweifelnd, mit einem fragwürdigen Ersatz belastet - so schwankte das Heer der SS-Divisionen zwischen den ideologischen Fronten des Krieges. Die Marschkolonnen der SS-Verbände folgten nur noch einem eigenen Fähnlein, geführt von Generalen, die in ihrem Verhältnis zur Staatsführung schwankend geworden waren. Die stereotypen Formeln von Führer und Reich und Treue flossen ihnen weiterhin über die Lippen, aber in ihrem Inneren krampfte sich die Truppe zusammen, wurde sie eine Macht eigenen Gepräges, nicht mehr SS und noch nicht Wehrmacht. Die Truppe wurde zum eigentlichen Vaterland, die Feldzeichen, die Schlachten und die Erinnerungen an gefallene Kameraden formierten sich zu einem mystischen Band, das die Waffen-SS zusammenhielt - bis zum bitteren Ende.

THE WAFFEN-SS: A WEIGHING-UP

by Heinz Höhne

Never before have the soldiers of any troop left their mark so clearly on the pages of military history as the men of the Waffen-SS. Demjansk, Rshew, Ladogasee, Charkow, Normandy, Ardennes, every single name is a reminder of the military achievements of a troop which enjoyed a legendary reputation, something between envious admiration and superstitous fear, that was held by both sides. But both friend and foe were at one: There was a fighting spirit among the soldiers of the Waffen-SS, such as was not excelled or even approached by any other troop.

The Waffen-SS became the personification of military steadfastness and aggressiveness. But in spite of its military successes the Waffen-SS has gone down in military history as the most controversial troop ever. Concipated as the military force of the National Socialist Party, connected in various ways to the party machine of Reichsführer-SS Heinrich Himmler, incriminated with many a war-crime, because of all this at the end of the war the soldiers of the Waffen-SS found themselves divested of their military ranks, put on the same level with the murder forces of the SS and the guards of concentration camps.

The commanders of the Waffen-SS corrected this distorted picture by saying they had been „soldiers like all the other soldiers."

Individually they certainly felt this, but the true picture is far more complicated.

In the summer of 1934 Himmler founded the Waffen-SS as a SS-special unit (VT) in order to have in his power a further weapon for the inner security of the NS-Regime. This special unit was supposed to be at Hitler's personal disposal „for special domestic policy undertakings" (according to a direction of the Reichswehrminister) - that is where its name came from; it was then intentionally led as a division of the NSDAP and a branch of the SS. In 1940 Hitler was still calling it a „state troop police force, with the authority to represent and to maintain the law of the Reich on all occasions."

Such a troop could not be formed without experienced professional soldiers, but military men were not keen on serving in a Party force. That is why Himmler had to allocate traditional undertakings to the VT to give it the image of a military guard troop in order to get soldiers for VT service.

This tempting picture of a new guard brought professional soldiers especially those with ideas of military reform to the troop. They changed it into quite a different troop such as was not originally planned by Himmler: a military elite troop of a new type, differing in its training and mentality from the army, but which, nevertheless, regarded itself as a military unit.

Even though the young VT-commanders, who were trained at the SS-cadet academies in the Hitler cult introduced a political reliability of the Nazi kind which was foreign to „only" military men such as Hausser - they all filled this special unit with a dynamic force and the consciousness of being an elite. All this soon made the guard become independent, free of all Black-Corps mysticism of the SS-command. Naturally this irritated Himmler who had always regarded the VT as only a political instrument.

The gap between him and the troop gradually grew becoming so obvious that one day the commander of the SS headquarters exclaimed that the VT-commanders

„have never understood the policy of the Reichsführer-SS and always critizised it."

The outbreak of the Second World War destroyed Himmler's political concept altogether - the war drove the special unit onto the battle field as a military unit, which was called the Waffen-SS - (it was enlarged) - in 1940. It was this extension of the unit which showed that the commanders of the Waffen-SS were unable to break with Himmler entirely because for a long time only he provided the troop with the necessary number of men - something which the army refused to do.
As the commanders of the Waffen-SS were so busy extending the unit they did not realized how deeply they were becoming entangled in the net of the SS-empire: They accepted the „Totenkopf"-units of the concentration camps whose training was meant to contrast with the real military spirit; they integrated the reinforced „Totenkopf"-units which were the instruments of political terror thoroughout German-occupied Europe. They even took on the staff from Auschwitz and Kulmhof. This intrusion of elements alien to the original unit made the Waffen-SS susceptible to many kinds of inhuman warfare.
Not until the harshness and bitterness of the war in Russia was the umbilical cord torn which connected the Waffen-SS with Himmler's world, even the NS-Regime. Weakened in their faith in Hitler, doubting their victory, burdened with questionable reinforcements the army of the Waffen-SS staggered between the ideological fronts of the war. The marching columns of the SS-units followed only their own flag, led by generals, whose relations to the government had begun to totter. Stereotype formulas of „Führer", ..Reich" and „Faithfulness" continued to pass their lips but the troop clenched up inside, it became a power moulded out of itself, not SS anymore and not yet army.
The troop became the actual fatherland; the battles, the emblems and the memories of fallen comrades were woven to a mystical ribbon which kept the Waffen-SS together - to the bitter end.